トップが綴る

私の人生を支えた信条

PHP研究所［編］

PHP

はじめに

一度しかない人生、人は数々の試練や困難を乗り越えて生き抜いていかなければなりません。自らの物の見方や考え方ひとつで人生は素晴らしいものにもなり、暗澹《あんたん》とした哀しいものにもなります。自分は何のために生まれ、何を為すために生きてきたのか？　人はその答えを探し続けながら、自らの信じる何かを手に入れていくのではないでしょうか。

本書は、各界で活躍されているトップリーダーの方々に、自らの人生を支えてきた考え方についてご執筆いただきました。読者の皆様には、数々のエピソードを通して、信じて守り続けたその思いの大切さを感じていただけるのではないでしょうか。また、本文に先立ち、弊所創設者・松下幸之助が信念について綴った一文を掲載させていただきました。あわせてご一読いただけましたら幸いです。

なお、掲載にあたっては、会社名・団体名の五十音順とさせていただき、検索の便のため巻末に氏名索引を付しました。

最後になりましたが、ご多用の折、貴重なお時間を割いてご寄稿賜りました皆様をはじめ、仲介の労をおとりくださいました皆様には、心より厚く御礼を申し上げます。

二〇二三年十二月吉日

ＰＨＰ研究所

絶えず自分で自分を励ましていなければいけない

〝経営者は信念をもたなければならない〟とか、〝使命感に立たなければならない〟ということを私は日ごろよく口にしています。しかし、信念とか使命感というものを終始一貫もち続けるということはなかなかむずかしいことだと思います。

私の場合、事業を始めた当初は、いわば食わんがためにとにかく一生懸命働いたにすぎませんでした。しかし、一年、二年たつにつれて、また人が十人、二十人と増えるにつれて、だんだん考えざるを得ないようになってきました。年中なんとはなしに働いていたのではすまない気がして、会社としての理想なり使命感なりを、私自身を鞭撻《べんたつ》するためにも、また社員に話をするためにももたなくてはいけない、という気になったのです。いわば必要に迫られてそういう気分が生まれてきたわけです。

それから私は、自分の考えたことをもとによく社員の人たちに、信念をもてとか、使命感をもって仕事をせよとかいうことをいってきたのです。しかしその私自身がどうであったかといいますと、必ずしも人より強い信念や使命感を常にもっていたわけではありません。むしろ、ともすればくじけそうになり、またときに煩悶《はんもん》が激しいこともありました。

けれども、そのたびにまた気をとりなおし、勇気を奮い起こして社員の人たちにも話をする。そしてそのことによって、私自身、その信念なり使命感なりをより強固にしてきたというのが正直なところのように思います。

人間というものは、人に向かって〝わしはこうなんだ！〟と強いことを言う人ほど、心の内では煩悶しているという面があるのではないでしょうか。ですから、絶えず自問自答して、しっかりしたものをもたなくてはならない、と自分で自分に言ってきかせる。ともすればグニャッとなる気持ちを自分で叱りつけ、励ましていくことがどうしても必要だと思います。そういうことを日ごろ重ねていれば、何か事があったときに、はっきりしたものがもてると思うのです。その意味で、どういう道にあっても、人生なり仕事なりというものは一生が修業だという気がします。

松下幸之助『実践経営哲学／経営のコツここなりと気づいた価値は百万両』（ＰＨＰ研究所）

装幀　印牧真和

トップが綴る 私の人生を支えた信条

目次

掲載順序は会社名・団体名の五十音順です。
なお、ご執筆者の肩書きは二〇二三年十月一日現在のものです。

絶えず自分で自分を励ましていなければいけない　2

あ

すべてのことは二度創られる　瀧澤幸也　㈱アイジーコンサルティング　代表取締役社長　24
営業における信条　尾中俊之　㈱青山プランニングアーツ　取締役COO　26
日本を一ミリでも良くしたい　秋山利輝　㈲秋山木工　代表取締役　28
「無理するなよ」の真意とは？　加藤和彦　㈱曙エンジニアリング　代表取締役社長　30
縁尋機妙、多逢聖因　小林充治　㈱アスペック　代表取締役　32
楽と楽しいは紙一重　村岡弘資　アソート㈱　代表取締役社長　34

デザイナーの私を支えた信条　川田雅直　㈱アトランスチャーチ　代表取締役社長　36
未熟な社長の勇往邁進への道標　岩永美香　アポロアイシーティー㈱　代表取締役　38
やればできる　谷上元朗　ALLAGI㈱　代表取締役　40
機会の平等を　池田由實　㈻池田小学・中学・高等学校　理事長　校長　42
人を育てる　廣田正俊　㈱ECH　代表取締役　44
迷ったら厳しいほうを選択する　加藤慎章　㈱ETSホールディングス　代表取締役社長　46
駅のホームでの出来事　横田知明　ETPホールディングス㈱　代表取締役社長　48
人生とは自分を鍛える道場である　槇　春夫　岩塚製菓㈱　代表取締役会長CEO　50

あめのしたひとついえ（八紘一字） 上野淳次 ㈻上野学園　理事長 52
私の人生観 北尾吉孝 SBIホールディングス㈱ 代表取締役会長兼社長 54
ハングリー精神 榎本稔 医療法人榎本クリニック　理事長 56
肌感覚 江場大二 ㈱EBAホールディングス 代表取締役社長 58
徳を尚《たっと》ぶこと学知金権より大なり 大多和聡宏 ㈻大多和学園 開星中学校・高等学校　理事長 60
障がい者活躍から学ぶこと 辻潤一郎 オムロン太陽㈱　代表取締役社長 62
構造色のあるロードマップ 三谷廣 ㈱オールインワン 代表取締役社長 64
私のゼロワン物語 柳生美江 ㈱オレンジホールディングス 代表取締役 66

か

志を全うするために　角井美穂　角井食品㈱　代表取締役　68
奇跡を呼び込む力は何か　植木力　㈱カスタネット　代表取締役社長　70
心の経営を甘く見ていた私　川村慶　川村義肢㈱　代表取締役　72
各種団体の役職を受ける覚悟　梶原等　㈱環境設備計画　代表取締役　74
人生に近道はない　利根博己　㈱元祖・としね　会長　76
龍になれ 雲おのずから集まりくる　大霜洋　QSTA九州スタッフ㈱　代表取締役会長　78
「素直な心」で実りある人生を　濱岸嘉彦　㈱京都総研コンサルティング　相談役　80

人間の無限の可能性を信じて　白波瀬　誠　京都中央信用金庫　理事長　82
自己流から一流へ　清川　忠　清川メッキ工業㈱　代表取締役会長　84
人様にかわいがられる人になりなさい　近藤昌平　㈱銀座・トマト／異業種交流会　VAV倶楽部　会長　86
後継者として支えられた言葉　西村友秀　銀鳥産業㈱　代表取締役社長　88
無常下、軸となる一つの志　北林弘行　CooKai㈱　代表取締役　90
世界一の道具販売会社に　鈴木進吾　㈱國貞　代表取締役社長　92
今ここで頑張らずにいつ頑張る　澤浦彰治　グリンリーフ㈱　代表取締役　94
悔いのない人材育成を基本に　三國浩明　㈱建設ドットウェブ　代表取締役　96

偉大な師匠たちからの学びを胸に　大津嘉章　医療法人社団幸祥会　理事長　98
社員への懺悔　古澤一晃　向陽信和㈱　代表取締役　100
「基本的な考え方」を大切に　青山光洋　㈱ゴートップ　代表取締役社長　102
経営理念と社員の幸せ　紺野道昭　㈱こんの　社員の幸せ向上担当&代表取締役　104

さ

社会の一隅を照らす　蒲原　寧　サインポスト㈱　代表取締役社長　106
五方良し経営の実践　二宮生憲　㈱さくら住宅　相談役　108
経営理念「人の心に貯金する」を実践して　角谷太基　㈱サンコー　代表取締役社長　110

経営の羅針盤としての決算書　玉榮信子　㈱サンコウ・トータル・サービス 代表取締役社長　112
一生、社員と家族を守る　清水雄一郎　三興塗料㈱ 代表取締役　114
命と関わり、「敬天愛人」の言葉に思う　田中正彦　㈱さんびる 代表取締役　116
不可能を可能にする男　嘉納秀憲　三宝電機㈱ 代表取締役社長　118
仕事の報酬は何ですか？　後藤敬一　滋賀ダイハツ販売㈱ 代表取締役会長　120
関わる人を幸せにする経営　中澤清一　四国管財㈱ 取締役会長　122
心　仲田実　社会福祉法人実誠会 理事長　124
短期的悲観と長期的楽観の並立　清水貫　㈱ジャスメック 誉田進学塾グループ 代表　126

恩を忘れず自ら選択した道を歩む　入谷栄一　医療法人社団勝榮会　理事長　128
こころは広く温かく　大久保毅一　城北ヤクルト販売㈱　代表取締役社長　130
要石　笹本清美　白根運送㈱　代表取締役　132
私の大切な信条　杉野良暁　㈱スギノマシン　代表取締役社長　134
畑の中に見る経営　平岡弘章　㈻清風学園　清風中学校・高等学校　法人本部本部長　副校長　136
社是・社訓、わたしたちの誓い　坂本賢治　総合メディカル㈱　代表取締役社長　138
どんな困難に陥っても　人間はやり直せる　中島　輝　㈱SoShine　代表取締役　140

た

売れて・喜ばれて・儲かる　横川　竟　㈱高倉町珈琲　代表取締役会長　142
謙虚にして奢らず、さらに努力を　髙村奈津代　㈲髙村　代表取締役社長　144
両親が教えてくれた「利他の心」　田宮明彦　㈲タミヤホーム　代表取締役　146
精神活動の連繫　山田正行　㈱中京医薬品　代表取締役会長　148
人生、負けてたまるか　堀地ヒロ子　㈱銚子丸　取締役会長　150
アイアム・ハングリー　佐藤袁也　㈱千代田設備　相談役　152
父の教訓に学んで新しい道を拓く　二九規長　㈱ツー・ナイン・ジャパン　代表取締役社長　154

天地自然の理法に順《したが》う理念経営
加藤照和　(株)ツムラ　代表取締役社長CEO　156

「忘己利他」で企業理念を貫く
山﨑耕治　(株)テクノア　代表取締役　158

謙虚にして驕らず
小宮山記祥　天伸(株)　代表取締役　160

「クライアントファースト」を貫いて
東條正博　(株)東条設計　代表取締役会長　162

経営理念の確立と浸透で成功五〇%
藤間秋男　TOMAコンサルタンツグループ(株)　代表取締役会長　164

私の人生を支えた信条――幸福三説
立﨑　仁　(株)常磐植物化学研究所　代表取締役社長　166

お客様の笑顔のために
十河孝男　徳武産業(株)　代表取締役会長　168

託された想い
木村一生　(株)トータルシステムデザイン　代表取締役社長　170

な

私を支え続けた黄金律　池本　篤　㈱ナプロアース　代表取締役社長　172

良きライバル・青年団体・父親　高木信一　奈良スバル自動車㈱　代表取締役社長　174

ひたむきに働く喜び　山﨑貞雄　㈱ニッコー　会長　176

副社長の役割　藤縄修平　㈱日興商会　代表取締役社長　178

人は理屈じゃ動かない　村上雅洋　日清紡ホールディングス㈱　代表取締役社長　180

絆を深める〈変化〉と〈感謝〉　材木正己　日東精工㈱　代表取締役会長兼CEO　182

見えない存在からのメッセージ　近藤宣之　㈱日本レーザー　代表取締役会長　184

1＋1＋1＝∞（無限大）　新庄一範　ニューワンズ㈱ 代表取締役　186
歩くエコノミストに学んだ密なコミュニケーション　藤澤史朗　ネオデータ・ソリューションズ㈱ 代表取締役社長　188
社員が幸せな会社　横田英毅　ネッツトヨタ南国㈱ 取締役相談役　190
人と地域に支えられて　能作克治　㈱能作 代表取締役会長　192
傷があるから優しく強くなれる　野々山雅博　ノノヤマ洋服㈱ 代表取締役社長　194

は

一歩、踏み込む　浅野和志　萩原工業㈱ 代表取締役社長　196
自然に逆らいなさんなョ　秦 啓一郎　秦建設㈱ 代表取締役　198

感謝を口にし、人との縁を活かす　中村 學　ハッピーファミリー㈱ 代表取締役会長　200
己が踊らずして人が踊るわけがない　山田昌司　パナソニック ハウジングソリューションズ㈱ 代表取締役社長執行役員　202
今、自分にできること　鳥居英剛　㈱春野コーポレーション 代表取締役　204
正直・迅速・正確　石橋常行　ひだまりほーむグループ ㈱鷲見製材 代表取締役社長　206
自分のことで悩むな、苦しむな　加藤政徳　人の森㈱ 代表取締役社長　208
人生、苦しい時こそのぼり坂　森脇嘉三　㈱ビューティサロンモリワキ 代表取締役会長　210
命まで取られるわけじゃない　能宗 孝　福山自動車時計博物館 館長　212
経営の枠組みが形成されるまでの背景　千葉 智　㈱フーゲツ 代表取締役社長　214

プロ中のプロを目指して　藤井洋平　藤井電機㈱　代表取締役社長　216

便利な世の中を残していくために　佐々木一郎　ブラザー工業㈱　代表取締役社長　218

父の一言　廣瀬德藏　㈱プロスタッフ　代表取締役社長　220

大丈夫！　尾込賢一　㈲プロペラコーポレーション　代表取締役社長　222

決して諦めないという強い信念　鈴木美由紀　㈱フロンティアエデュケーショナルパートナー　代表取締役　224

言葉によって道は開かれる　徳田秀子　㈱ヘルスネット徳洲会　代表取締役社長　226

生成発展の法則　赤岩茂　税理士法人報徳事務所　代表社員　理事長　228

人を大切にする　有本均　㈱ホスピタリティ&グローイング・ジャパン　代表取締役会長　230

ま

感謝の領域　牧尾由美　㈱マキオ　代表取締役　232

良き出逢いが人生を変える　澤田栄一　㈱マルエイ　代表取締役社長　234

父を変えたお客様の言葉　眞鍋　明　㈱マルブン　取締役会長　236

「素直な心」とインテグリティ　丸山　剛　三井・ケマーズ フロロプロダクツ㈱　代表取締役社長　238

Your smile is our happiness　上田曽太郎　ミネルバ税理士法人　代表社員　上田公認会計士事務所　代表　240

それでも、それでも、それでも、人生は素晴らしい　御代川幸枝　㈱御代川　代表取締役社長　242

や

だっでん良うなからんとでけん　荒巻哲也　㈱柳川合同　代表取締役　244
感謝が生んだシンプルライフ　笠井輝夫　㈱躍進　代表取締役会長　246
捨てる神あれば拾う神あり　渡部志朗　㈱山一地所　代表取締役会長　248
トップとしての覚悟　岡本光正　㈱山方永寿堂　代表取締役社長　250
お前の目はどこについているんだ　光田敏昭　夢工房だいあん㈱　創設者　252
有限な決断力を有意義に使う　一戸敦子　㈱羊土社　代表取締役社長　254
試練は宝　大髙善興　㈱ヨークベニマル　代表取締役会長　256

長所と短所はコインの裏表
橋本久美子　㈱吉村　代表取締役社長　258

ら

自分の使命を全うする
清水大輔　㈱リードビジョン　代表取締役　260

この道より我を生かす道無し
横田南嶺　臨済宗円覚寺派　管長　262

わ

why（なのになぜ）
島田雅胤　医療法人わかすぎ歯科クリニック　理事長／㈱ありがとう　代表取締役　264

世界中に還元する私の第一歩！
セシリア 渡辺明日香　一般社団法人One Day School　代表理事　266

トップが綴る
私の人生を支えた信条

すべてのことは二度創られる

㈱アイジーコンサルティング　代表取締役社長
瀧《たき》澤《ざわ》幸《ゆき》也《や》

二十三歳のときに母親からもらった手紙は、私の人生を大きく変えてくれた。大学を卒業して出版社に就職したが、毎日の飛び込み営業のつらさに挫折し、わずか二カ月ほどで逃げ出してしまった。ダラダラと過ごした大学生活の影響もあり、当時の私は何かつらいことがあると、すぐに逃げ出す甘い人間になっていた。

そんな私を見かねてか、ある日、一人暮らしの私のもとに母親から手紙が届いた。そこには「サッカーボールを追いかけていたあなたは、いつも目が輝いていた。この前会ったとき、あなたの目は輝きがなかった。ただ、あなたのことだから、また目標を持って目を輝かしてくれる日が来ると信じています」と書かれていた。親孝行もせずに迷惑ばかりかけている私を、いつも見守り、期待してくれている。涙が止まらなかった。同時に、自分の人生を振り返り、目標を持つことの大切さを実感した。

その手紙をもらったときに就職したのがアイジーコンサルティングである。人生に偶然はなく、すべては必然であると言うが、当時の社長との出会いは、まさに必然の出会いであった。直観的に、この人のようになりたいと思えた。偉くなりたいということではなく、今を全力で生き、心に火を灯すリーダーになりたい。人格を磨き、富士山のように裾野の広い人間力に魅了された。この出会いにより、私は目標を持つことができたのだ。

母親の言葉どおり、目標を持った私は毎日全力で仕事に打ち込むことができた。夢中という言葉があるが、入社以降はまさに夢のなかにいるような感覚で一心に働き、あっという間の二十五年だったと感じる。そして今年から、アイジーコンサルティングの代表を務めることになった。

「すべてのことは二度創られる」という言葉が好きである。一度目は目標を持つこと、二度目はそれを実現させるということである。また、ビジネスを通じてイメージ以上の成長と成果はあり得ないことも学んだ。

学ぶことは多く、まだ志までは持つことができていないかもしれない。ただ、目標を持つことは成長の源泉であり、自分の人生を豊かにしていくものであると思う。

人生の分岐点を迎え、自分だけではなく自分に関わった人すべてを幸せにしていけるよう、しっかりと目標を描き、社員と共に歩んでいこうと決意する。

営業における信条

㈱青山プランニングアーツ　取締役COO　尾中俊之《おなかとしゆき》

当社は今から三十年程前、私の父が創業した会社です。表参道にある青山という地で、アートとテクノロジーを融合させて世の中に新しいものを生み出すことを目指し、今に至ります。私は、当社の事業継続・拡大に向け、自身の想いを乗せたビジネス基盤を定義し、一度決めたら継続する上で揺るぎのない精神を持つことが重要と考えます。

私は、顧客の満足度と利益を常に最優先し、誠実さが営業活動の中心であるべきだという信念を持っています。

営業は、顧客に寄り添い、顧客の考えをよく聞き、本質を理解し、信頼関係を築き、維持することが重要だと思っています。これは、困っている人を助け、人を喜ばせ、世の中に貢献するという私の基本的な生き方から来ています。

営業は、常にスキルと知識を向上させ、市場の変化に適応しなければ生き残れない仕事です。

営業は、教育やトレーニングを重視し、自己改善のための努力を続けることを避けて通れない仕事です。

営業は、結果が重視される業種であり、売上目標を達成することが重要であるということに変わりはありません。しかし、この結果の追求は、顧客や社員の「信頼と誠実さ」を犠牲にしてはならないと考えています。

私は、営業であると同時に経営を担う立場でもあります。営業の個々の成果が重視される一方で、チームとしての成功も重要です。さらに、すべての社員が共通の目標に向かって協力することの重要性を知っています。今生の常に変化し続ける世界でこれを達成するためには、社員や顧客と共に、可能な限り正確で、偏見のない考え方を持たなければ、長期間にわたり会社を維持、成長し続けることはできないと考えています。

私は、すべての社員を平等に扱います。人種、性別、信仰、国籍、文化などに基づいて社員を差別することはこれまでも、また今後もありません。このような私の考え方を理解し信頼していただける営業を育て、共に成長していきたいと思っています。そのために、私の行動や判断の基礎となる「信念や価値観」を理解していただけるよう、日々誠実なコミュニケーションに努め、顧客と共に成長し続けることが私の信条です。

日本を一ミリでも良くしたい

(有)秋山木工　代表取締役　秋山《あきやま》利輝《としてる》

十六歳で家具職人を目指し、幸運にも大阪の名人が集まる木工会社に丁稚《でっち》として雇われた私は、八年間の修業を終えた後、親方に「次は東京に行かせてください！」と頼み、意気揚々と上京、大きな木工所を経て「秋山木工」を創業しました。二十七歳の頃でした。いつか自分の工場を持ち、弟子を取ったら、自分を育ててくれた「徒弟制度」で「一流の職人」に育てよう。そう心に決めていました。

私は弟子たちを、五年の修業、三年のお礼奉公を終えた八年後に卒業させています。それは、次は外の広い世界に出て、さらに成長してほしいという、自身の経験を踏まえた願いなのです。ただ、技術が身につき、いよいよこれから会社の役に立つというときに卒業させることに対し、社内から疑問の声が上がることもしばしばでした。それだけが原因ではないにしろ、一時多くの社員が去ったときは、手塩にかけた職人を卒業させてしまうのはもったいないことだろうか、もうやめにしようかと随分悩みました。

そのときに指針となった言葉が、「動機善なりや、私心なかりしか」です。これは私が師と仰ぐ京セラ創業者の稲盛和夫氏が、新事業として第二電電を立ち上げるとき、毎晩自問自答した言葉だそうです。私利私欲でやろうとしていないか、本当に世の中のためを思っているか……。私もそのように自分の心に厳しく問いかけ、若者たちを自らにとって都合の良い職人に育ててはいけない、恰好つけではない、世界中どこでも通用する職人を一人でも多く送り出そうという覚悟が生まれ、八年で卒業という制度を継続しています。

旅立ちを見送った後も毎年、新しい弟子が入ってきます。それが繰り返され、今では七〇人以上の職人が卒業していきました。彼らは日本全国に散らばり、なかには海外へ飛躍した猛者《もさ》もおり、その結果、大きなネットワークを築くことができています。

稲盛氏の生き様からは他にも影響を受けています。誰もが不可能と断じていたＪＡＬの再建を引き受け、わずか三年で再上場させたのは御年八十歳のとき。私も二〇二三年三月で同じ八十歳になり、わが師に少しでも近づきたいとの思いから、「日本を一ミリでも良くしたい」という新しい目標を掲げ、若者たちと日々奮闘しています。

時代が流れ、昔ながらの徒弟制度は現代に合わせて改革していますが、「八年で卒業」は今の世の中のほうが抵抗なく受け入れてもらえるのではないかと思うのです。

「無理するなよ」の真意とは？

㈱曙エンジニアリング　代表取締役社長　加藤《かとう》和彦《かずひこ》

わが社は愛媛県新居浜市で産声をあげ、松山市と広島県三原市を含めた三拠点で活動する、二〇二三年に創立五十五周年を迎えた機械設計会社です。私は二〇一四年六月に現職に就き、総勢二十数名ほどの社員を率いる立場となって今年で十年目になりますが、「筋道を示し、自らの言葉で伝え続ける」ことを信条とし、今日も経営に勤しんでいます。

話は私が三原事業所長だった十二年前に遡《さかのぼ》ります。難題を抱え苦しくなると、先代社長に取引先や部下の愚痴をぶつけていた時期がありました。「無理して工程を組んだのに突然保留になりました」「約束を守らんから皆から総スカンです」「ついていけないから辞めたいらしいです」。社長の返答はいつも決まっていて「大変やなあ。無理するなよ」。何らかの意図を感じ、色々問いかけますが「そのうちわかる」と煙《けむ》に巻かれるばかりでした。

気づきはほどなく、採用活動を始めたときに訪れました。専門業者の協力を仰ぎ、会社紹介ページや説明用プレゼンデータなどを作ることにしましたが、素材となる資料を作るためには、私たちの来し方行く末に思いを巡らせ、未来への筋道をつまびらかにする必要がありました。腹心のスタッフと共に考え抜いて決めた採用条件は、「オンリーワン技術者を目指す」。そして、「オンリーワン技術者」の条件は、①相手の目線に立つこと、②隠れたニーズを掘り起こしてイメージを形にすること、③知恵やアイデアを駆使して要望にマッチさせること、④提案すること。採用者に「提供する環境」は、①やりがいとプライドを持って働けること、②仕事を通じて日々成長していけること……。

自社の根っこの志に踏み込むほど、思い浮かぶのは苦楽を共にしてきた仲間達の姿でした。柄にもなく愛おしく思い、頼れる同志がいることを誇らしく感じました。同時に、「無理するなよ」は、筋道や仲間を軽んじていた私への警鐘だと思いました。今思えば一杯一杯の私を受けとめてくれた絶妙な返答に敬服するばかりですが。一連の活動を通じて、筋道を示し共有して貰うことの大切さ、自ら考え抜いた言葉で語る必要性を再確認した私は、この頃から「筋道を示し、自らの言葉で伝え続ける」ことを信条としたのです。

社長就任時、私は「喜んで貰い、ワクワクして貰う」という経営理念を掲げました。理念が私達の拠り所であり続けるためにも、さらに言葉を磨き伝え続けたいと思います。

最後に、ずっと大切にしたい好きな言葉を。「これからが、これまでを決める」。

縁尋機妙、多逢聖因

㈱アスペック　代表取締役　小林充治《こばやしみつはる》

人の人生とはわからないもの、かつ、さまざまな人とのご縁によって彩られていくものです。

一九九二年六月、岡山市に歯科医院を創業し、三十一年が経過しました。何の縁故もない土地で、裸一貫ゼロからの立ち上げでした。厄年前後に人生の艱難《かんなん》辛苦を味わい、そのときに出逢った言葉が「縁尋機妙《えんじんきみよう》、多逢聖因《たほうしょういん》」です。私淑する安岡正篤《まさひろ》氏は「縁を大事にしなさい」と言われています。縁尋機妙とは、良い縁がさらに良い縁を尋ねて発展していき、多逢聖因とは、良い人に交わっていると良い結果に恵まれるという意味です。この教えを私の人生を支えた信条として紹介したいと思います。

還暦を超えた今、歯科医院は優秀なスタッフに恵まれ、創業二十五年を機に院長職を辞し、後輩に託しています。現在の私は、歯科医院の経営アドバイザーとして事業展開をしています。まさか自分がこのような状況になろうとは、開業時には夢にも思いませんでした。三十代で開業した頃、一時の小成功に自惚れ、調子に乗って遊び回っていました。しかし四十歳前後で経営が厳しくなり、資金繰りに苦慮するものの原因がわかりません。それも当たり前で、院長職でありながら決算書をまったく理解していなかったのです。

ここから私の人生は「人との出会い」によって大きく変化していきました。コンサルタントの齋藤忠氏、盛和塾塾長の稲盛和夫氏、中国文学者の守屋洋氏。この三名の方々からは特に大きな影響を受け、そこで得た多くの学びが、私自身の「人間学の学びと人間力の向上」に大いに役立ちました。

「縁」というものは、自分自身の行動からさまざまな方向へ結びついていきます。「くされ縁」「悪縁」、そして「良縁」と分類されますが、本質は人間を見抜く力を持つことだと思います。対象となる人物が「義：正しい考え方、徳があるか」を基準にしているか、「利：損得」を基準にしているかを判断しなければなりません。そして、「義」とはどのような内容なのかを学んでいかなければ、そもそも良縁、悪縁の判断ができません。

人間として正しい人なのかを見極める力を持つことは大切です。それがあれば、良縁は積極的に結びにいけるようになり、近寄る悪縁を断ち切ることもできると思います。これからも「縁尋機妙、多逢聖因」を信条とし、精進していきたいと思います。

楽と楽しいは紙一重

アソート㈱　代表取締役社長　村岡《むらおか》弘資《こうすけ》

人は何時でも自身の「選択権」を持っていると思います。何を食べるのか、どこへ行くのか、何をするのかなど、人は選択の連続のなかに生きていますが、日々が流れるなかで選択は「常に自分でできる」ことを忘れてしまっているのではと感じることがあります。人は習慣の生き物と言われることがありますが、毎日の習慣を継続することで、最低限の選択が自動的になされ、気づかないうちに「楽《らく》」な状態になってしまい、挑戦することから離れることもあろうかと思います。

かくいう私自身も、二十代までは「楽」を選んでしまったことがあったと思います。多くは何かに挑戦しようとした際、自分以外の人の言葉に耳を傾け、他者からどう見られるかを気にしてしまい、自分の心に嘘をつき、現状維持という選択をしていました。

現在、父が創業した会社を継ぎ、二代目社長として会社運営に携わっていますが、思い返すほどに、あえて厳しい道を選んだ経験が今につながっていると感じます。

小学一年から高校卒業までラグビー一色の学生生活を過ごしたなかで、どうしても進学したい大学があり、推薦ではなく浪人生活を選択したことは最も大きなターニングポイントだったと思います。希望する大学へ進学し、卒業後にご縁をいただいた企業が大手総合商社であったなか、安定を選ばずに入社から五年弱で退職し、家業の事業承継を選択したことも、経営に携わるという厳しくも楽しい環境に身を置く結果につながりました。

さまざまな場面で、どう選択するのかの岐路に立った際、厳しい道だと頭で理解はしていても、心の声に従い、行動に移した結果が今あるすべてなのだと思います。

面白いことに、チャレンジングなことに行動を移そうとすると、大抵の人が反対します。「あなたには無理だと思う」「なんでそんなことするの」。そのように周囲から色々なことを言われながらも、最後に耳を傾けるべきは自分の心の声だと思っています。

「楽」という漢字は奥が深いと感じます。何かをしたいと思って前に進むと、必ず壁が現れます。それを迂回して元の道を歩く「楽」を選べば、延々とその道を進むだけ。しかし、壁を乗り越えるのか、壊すのか、それを一人でするのか、誰かとするのかといったように壁に真正面から向き合うと、必ずその先に見たことのない景色が見えてきます。その「楽しさ」を選択することを、これからも大事にしていきたいと思う次第です。

デザイナーの私を支えた信条

㈱アトランスチャーチ　代表取締役社長　川《かわ》田《た》雅《まさ》直《なお》

私が二十年間、経営を続けることができた信条をいくつかお伝えしたいと思います。

第一に、「自分の好きなことや得意なことを見つけ、情熱を持って仕事をする」です。私はデザインという好きな分野で自分のブランドを持ちたいと夢を描きました。世界一のブランドができるまでには、十六年もの月日がかかりました。しかし、どんなに大変なときも、気持ちを奮い立たせてくれるのは「自分自身の情熱」でした。新たなことに挑戦した自分を信じる、諦めず長く続ける、リスクを恐れずに行動する。努力を好奇心に置き換えられるような「情熱」を持って困難に立ち向かうことで、夢を実現しました。

第二に、「人とのご縁を大切にする」です。ビジネスは人とのつながりの上に成り立っています。インターネット一つでビジネスを始められる、そんな時代かもしれません。しかし、良い人間関係を築くことは、夢を具現化し近づけてくれる一歩でもあるのです。

多様な分野の人との出会いや現場のリアルな声を共有することは、世界観を広げてくれます。自分からアプローチすることはもちろん大切ですが、偶然の出会いは、能動的に関心を持って接しなければ得られません。一見関係のない分野だと思っていても、自分に新たな視点をもたらし、結果としてビジネスにつながることもあります。日々できることは、たくさんの出会いの種を蒔き、自分の意思を伝えること。どこでつながりが生まれるかはわかりません。夢や志を言語化し、周囲に伝えることは重要な心掛けです。

第三に、「人としての使命感を持つ」も大切だと考えています。私は、重い病気を抱える子ども達を支えるボランティア活動を行っています。この経験は私のなかに、利益追求のビジネスだけでは見いだせなかったであろう物事の捉え方、心の強さを形成してくれました。そして、この経験が経営の本質的な意味を教えてくれることも実感しました。経済価値や消費者を考える前に、社会的意義や生活者の目線を持つことが重要なのです。

今後はＡＩが人間に取って代わり、数多くの仕事を担うでしょう。双方が同じ土俵に立つ状況のなかで生き残れるのは、時代の変化を見極め、行動に移せる人です。私たちに残された、想像力と人と人のコミュニケーションをいかに発揮するかが大切になります。

これらの信条は私が経験から得たもので、唯一の正解はありません。皆様が自身の感性と経験から独自の信念を抱き、新たな道を切り拓いていくための一助となれば幸いです。

未熟な社長の勇往邁進への道標

アポロアイシーティー㈱　代表取締役　岩永《いわなが》美香《みか》

「戻れた！」。経営難に直面し、思い詰めて眠った夜。目覚め際に見た夢に、懐かしい役所で安心感に満ちた仕事をしている自分が現れ、涙がこぼれた。役所を辞めて社長になった意義を問うた。退職金はすべて会社に注ぎ込み、銀行融資の目途も立たず、財布の中は五〇〇〇円と小銭が少々。来月の給料をどう支払おうか……もう消えてしまいたかった。

これは社長就任から一年後、二〇一五年の話だ。五人の社員を抱える会社を親から引き継いだ。就任当時、売上はリーマン・ショックの影響で過去最低を記録していた。五〇冊は経営書を読んだが、実際に生かせるかは別の話。自らの無知と甘さを痛感し、「動く」ことの大切さを悟った。

厳しい状況のなか、母がよく言っていた「ピンチはチャンス」を胸に、公務員時代の経験を生かし、役所の戸籍届出受付業務を支援する自社製品「ＫＯＳＥＫＩガイド」の開発に踏み切った。わが社の経営状況では自殺行為とも取れる大胆な挑戦だった。しかし、ＩＴ人材不足というなかでもエンジニアを惹きつける製品となり、入社希望者が大幅に増加するという予想外の効果を生み出した。

それから八年。社員数は三〇人に増え、売上は社長就任時の一〇倍超にまで成長した。私の役割は、社員が夢を追求できる環境を整え、ソフト開発会社として未来に貢献できる道標を示すべく、自分自身を高い波動で維持していくことである。

初めて親の起業計画を聞いたとき、激しく反対した私。今では、その会社の経営に全力を尽くしている。ＳＥでもなかった父がソフトウェア会社を起業する……。それは、父の未来志向による選択であったことを二十年後に理解した。

変化の潮流のなかで、必要となる人々、情報、出来事と出会う。まさに「天の導き」とも言えるが、それを受容する直感力が非常に重要である。過去の人脈や流儀、利己的な栄光への執着は、新たな可能性を見つける力を鈍らせる。それらに惑わされぬよう、自己の本質、「素」を意識しはじめてから、自らの進むべき方向が見えてきた。

私の経営哲学は、「素」の自分を見つけ、その自分が示す道標を追求すること。それが最善の経営であると信じている。逆境をバネに再生への道標を見いだし、変化と共にわが社は勇往邁進してきた。この経験をしっかりと次世代へ伝承していきたい。

やればできる

ALLAGI㈱　代表取締役　谷上元朗《たにうえもとあき》

仕事を本格的に始めるまで好き放題していた私は、そのなかで良いことも悪いこともたくさん経験しました。そんな状況だったため、両親も「この子はどうなるんだろう」と心配だったはずです。しかし、自分の中では就職するまではできる限りの経験をし、仕事を始めたら一所懸命、誠実に働いていこうと思っていました。その点で自分はすごく恵まれていました。共働きだった両親が毎日、一所懸命、真面目に働いていてくれたからです。

やがて、私はゼネコンに就職し、社会の洗礼を浴びながら、毎日遅くまで働き、それなりにやりがいのある日々を過ごしていました。そんなある日、工務店を営む父親からこう言われました。「いつ戻ってくるんや?」と。「まだまだ建築もわからんことが多いし……」。曖昧にそう答えると、「そんなん、いつまで経ってもわからんことばっかやぞ」。それが「早く戻ってこい」と言っているように感じて、家に戻る決意をしたのです。

当時、父が営む工務店は大半がハウスメーカーの下請仕事でした。バブルがはじけて久しかったものの、元請さんの状況は変わらず厳しく、私たちも毎年単価が下げられていくなかで会社の決算は良くてトントン、赤字になることもありました。一所懸命に働いたらどうにかなる。そう思って励めども、八年ほど経っても状況が変わりませんでした。

未来も見えず、資金繰りも大変で、これ以上は限界だというところで元請、つまり下請仕事から注文住宅の受注営業への転身をはかりました。これが私自身の転機、会社の転機です。大手ハウスメーカーすら苦戦するなか、最初は自分たちが営業なんてできるのかと半信半疑でした。しかし、背水の陣の構えで、とにかく自分たちのできることはすべて取り組みました。多くの人に会って教えを受け、いろいろな場所に学びに行きました。

当時、自分の書いた夢の一つが「年間一〇棟の工務店になる」というものでした。今、当社は年商一二六億円の会社に成長することができました。建築だけでなく、不動産や介護、保険の仕事もさせていただいています。祖業とは異なる分野の仕事ができているのも、工事から営業に転身するという決断、体験ができたからこそだと感じています。

人間は一所懸命に「やればできる」。人間の資質、持って生まれた能力はあまり変わりません。これからも新しい事業、M&Aなどさまざまなことに挑戦します。一所懸命に働く後ろ姿を見せてくれた両親に感謝です。

機会の平等を

㊫池田小学・中学・高等学校　理事長　校長　池田由實《いけだよしみ》

私の高校生活は父の耳下腺癌で暗転した。父は公立学校を退職し、自宅の一室で塾を始めたばかり。私は高校三年になり、大学受験に気持ちを切り替えようとした矢先だった。

主治医に呼ばれた母は、父の余命を告げられた。「良くて六カ月、悪くて三カ月」。とても父に伝えられる余命ではない。病名もひた隠しにして父の治療が始まった。

大学進学を諦め、私は働く場所を探し始めた。高校の中退も考えた。経済的な負担を気にせずに学ぶことができたら、どんなに幸せだろう。幾度も社会のしくみを恨んだ。同級生が志望大学を口にするとき、教室の窓の外に広がる陰鬱な風景に目を向けた。

鹿児島の梅雨は叩くような大粒の雨が降る。学校帰りに父の漢方薬を買いに行き、市電を待っていると強い雨になった。スコールは傘を持たない私を容赦なく叩いた。運命に抗うことはできない。七月末から八月、夏休みの補習も受けずに自宅で寝転がり、どうすれば母と弟を養えるかを考えた。夢が掌《たなごころ》からこぼれていく不安が自分を動けなくした。

高校三年の日々は足早で、いつしか秋になっていた。父の看病に付き添っていた母が、ようやく命をつないだ父とともに帰ってきた。父は耳下腺をえぐり取ったため、顔かたちが変わった。陽気さも失せていた。

十一月の末、黙り込んだ家族の夕食時に、「せめて大学だけは」と母が絞り出すようにつぶやいた。「このような家計でどうして大学など行けよう」。そう考えたが、母の悲痛な思いが心を押した。ひとまず受験だけはしよう。その日から周回遅れの勉強を再開した。だが、うつろな学力で満足な結果が得られるはずもない。不完全燃焼の受験は瞬く間に終わった。そして、私は家計を助けるために大学一年から塾を支えて昼夜なく働いた。

人生は思わぬ展開がある。自宅で細々と営んでいた塾がはからずも急成長を遂げ、八年後には四五〇〇名の生徒を抱えるまでになった。父も奇跡的に命をとりとめた。さらにその二年後、私財を投じて中学校新設にこぎつけた。学習塾が作った日本初の学校である。

悪夢のような父の手術から四十年が経った。末期癌を患ったにもかかわらず天寿を全うした父は五年前に他界し、母も三年前に父のもとへ旅立った。

高校生の進学指導を通じて、経済的な理由で進路が狭められる現実を数限りなく見てきた。国の未来を託す若者の育成において、機会の平等はいつおとずれるのだろう。

人を育てる

㈱ECH　代表取締役　廣田《ひろた》正俊《まさとし》

会社を興したきっかけは、人が集まる組織を作り、そこで人を育て、集まってきてくれた人の人生をより良く変えていきたい、という思いがあったからです。創業以来、ここまで続けてこられたのも、「人を育てる」という信条が大きく影響しています。

当社の業務内容は、ITコンサルタントとしてコンピュータシステム（ERP）の導入を通じてお客様の業務改善に貢献することです。通常はお客様先へ行って仕事を行いますが、起業したての頃は仕事ができない新人をOJTのような形で連れていくことはできません。OJTはお客様にとってのメリットがなく、また、当社の業務はOJTで新人に伝えていくには複雑で、時間がかかりすぎるからです。

しかし、会社である以上、社員の給与を支払うためにはお金を稼ぐことが必要で、社員教育をしなければ、集まってくれた社員の人生をより良くすることもできません。そのため、起業当時、採用した社員にはシフト勤務としてもらい、午後から夜までの出社としました。私はお客様先での仕事を終えると急いで会社へ戻り、採用した社員に夜まで技術教育を行うということを続けました。

昼間は仕事をし、夜は社員教育をする。この二重生活は大変でしたが、創業時に掲げた「人を育てる」という信条が心の支えとなり、社員が一人、また一人と育ち、やりがいを持って仕事に臨んでいる姿を見ることがとてもうれしく、続けていくことができました。

今では社員数も増え、人を育てるという社風が根付いてきたことから、組織として充実した社員教育を行う仕組みが整い、毎年、高いＩＴ技術を習得したコンサルタント、エンジニアを育てることができるようになりました。

会社経営の難しさは、起業当初から現在に至るまで時々の会社の規模によって異なりますが、都度出てくる課題をしっかりと受け止め、逃げることなく解決していくという気持ちが持てるのは、自分のなかに「人を育てる」という強い信条があるからです。

会社経営では売上や顧客満足といったことが求められますが、何よりも大切なのは、その会社を形作っている社員が日々成長を感じ、幸せな人生を送ることです。会社は社員が活躍するための土台となる場所です。今後も会社が持つさまざまな資源を利用しながら、社員が成長し、幸せになれる組織作りにより磨きをかけていきたいと思っています。

迷ったら厳しいほうを選択する

㈱ETSホールディングス　代表取締役社長
加藤《かとう》慎章《のりあき》

人生において大きな選択を迫られるとき、私が従う信条は「厳しいほうを選択する」ということです。

厳しいほうを選択した場合、当然、大きな苦難や変化が待ち受けています。今までの知識や経験が通用せず、新しい人間関係の構築でも過度のストレスがかかります。

本来、人は変化を嫌う生き物であり、無意識に現状を維持しようとします。しかし、人間の成長には変化が不可欠だと考えます。いつもと同じ日常を過ごし、同じように仕事を繰り返すだけでは成長できません。成長できない状態が続くと、自己肯定感が上がらず、自分に自信が持てなくなり、次第に人生の面白みを失っていきます。人として退化していくと言っても過言ではありません。

私は三十三歳のとき、社会人になってから一途に勤めていた会社を辞める決断をしました。同じ会社に勤め続ける選択肢もありましたが、あえて自ら新しい世界を求め、厳しい選択をしました。大きな変化が伴う決心に不安や戸惑いもありましたが、挑戦しなかったことを後悔するよりも、たとえ失敗しても挑戦した自分の選択を肯定しようと思ったからです。

結果は期待以上でした。転職当初は変化に慣れず、後悔したこともありました。しかし時が経つにつれ、外の世界の大きさを知り、自身の視野が広がっていったこと、その後のキャリアで大きな成長を得られたこと、何より自身の内面において充実した満足感を得られたことは大きな成果です。困難な状況でも自分を信じ、心をポジティブに保つ考え方も身につきました。あのとき、決断せず同じ会社に残っていたら、今のような充実感は得られていなかったことでしょう。

人生とは常に決断の連続で、その決断が自身の未来を創り出します。厳しい選択をすること、これは自らを強制的に変化させ、成長過程に乗せることとも言い換えられるでしょう。加えて、自分のなかに秘められていた多くの可能性を見いだし、新たな能力や見識を開花させる手助けともなってくれるでしょう。

「厳しいほうを選択する」。この信条は、これからも私が新たな世界で挑戦するための後押しをしてくれると信じています。

駅のホームでの出来事

ETPホールディングス㈱　代表取締役社長　横《よこ》田《た》知《とも》明《あき》

大正九（一九二〇）年生まれの母方の祖母は、関東大震災の影響で幼い頃に一家で東京から京都に引っ越しし、医専卒業後に知り合った祖父とともにその故郷、徳島で地域医療に生涯を捧げた、志の高い人でした。後に聴いた話によると、学生時代は継母との関係がうまくいかず、家出をし、苦学して医師免許を取得したそうです。

私は三、四歳のある時期、高知で弟の出産を控えていた母親のもとを離れ、徳島の祖父母の医院兼自宅に預けられていました。その頃の日課は、入院患者の夕食準備がひと段落した夕暮れ時、給食係のおばちゃんの象のように大きな背中におぶわれ、すぐ向かいの駅へ汽車で迎えに来るはずの母親に会いに行くことでした。乗客に母親の姿がなく、がっかりしていると、給食係のおばちゃんはバツの悪そうな表情で「明日はお母ちゃん乗せてくるけんな。なんせポッポーさんは、寄り道せんと時間を守るしっかり者やからねえ」と、背中越しに優しい声で言うのでした。給食係のおばちゃんとは対照的に、現役時代の祖母は〝鬼の教育係〟として若い看護師たちから恐れられる存在でしたが、晩年はその姿も影を潜め、先に逝った祖父の後を追うように、十四年前に他界しました。

現在の私は、会社では経営者、家庭では父親という立場になりました。人生では意見の食い違いといった些細なことから、身近な人を亡くすといった大きな喪失感を伴うことまで、思いもしないことが起こります。そんなとき、私の生きる指針となっているのが、今でも忘れない祖母の言葉です。

あの日も私は給食係のおばちゃんにおぶわれ、駅へ向かいましたが、どうしても悲しさを抑えきれず、「お母さんに会うまで帰らない！」と、駅のホームで泣き叫び、その場から離れませんでした。すると、祖母が病院から白衣姿のまま走って出てきたのです。私は幼心にただならぬ気配を感じ取り、こっぴどく叱られるなと体をこわばらせました。

ところが、いつも凜として厳しかった祖母が目にうっすらと涙を浮かべて、「汽車は毎日時間通りに来るけど、お母さんはそうじゃないのよ。人生もそれと同じで思い通りにいかないことだらけなの。でもね、その経験があなたの人生を豊かにするときが必ず来るわ」と言いました。私はその後も駅に通い続けましたが、祖母の白衣姿を駅で見るのも、涙を見るのも、この日が最初で最後だったと記憶しています。

人生とは自分を鍛える道場である

岩塚製菓㈱ 代表取締役会長CEO 槇《まき》 春夫《はるお》

京都にある大徳寺大仙院の尾関宗園和尚に初めてお会いしたのは、今から二十五年ほど前です。社長に就任して間もなくの頃でした。

当時の私は、大きな自然災害（新潟県中越地震）により壊滅的な被害に遭遇し、業績低迷に陥るなかで自信を失いかけていました。

そうしたとき、京都で開かれた会合で耳にしたのが、「今こそ出発点」と題する尾関宗園和尚の講話でした。張り裂けんばかりの大声で語りかける和尚の言葉が、私の胸に深く刻み込まれていきました。

「今こそ出発点」

人生とは毎日が訓練である
わたくし自身の訓練の場である
失敗もできる訓練の場である
生きているを喜ぶ訓練の場である
今この幸せを喜ぶこともなく
　いつどこで幸せになれるか
この喜びをもとに全力で進めよう
わたくし自身の将来は
　今この瞬間　ここにある
今ここで頑張らずにいつ頑張る

人はそれぞれ、さまざまな境遇にありますが、「自分自身の人生は、自分で創る」という決意と、人生は自分を成長させるための訓練の場と考えることで、自然体で課題に挑戦する勇気をいただきました。

毎年、手帳を変えるたびにこの言葉を見開きページに書き記し、携行しています。

あめのしたひとついえ（八紘一宇）

㈻上野学園　理事長　上野《うえの》淳次《じゅんじ》

ヒストリー（歴史）という言葉は、ストーリー（物語）と同じ語源とされています。たくさんの物語がつながり、歴史となります。現在は過去の未来であり、未来の過去です。未来も過去も全部つながっています。不連続の連続が「歴史」となります。

組織においても同じようにヒストリーがあります。一人ひとりの力を結集して物語ができ、志という襷《たすき》をつないで歴史となっていくのであり、過去から受け継いだ襷を、今を生きる私たちが未来へつなげていくよう尽力しなければなりません。私はこれを「大家族主義」と呼んでいます。

「大家族主義」は、わが国の初代天皇である神武天皇の詔《みことのり》にある「八紘一宇《はっこういちう》」に通ずるものです。「八紘一宇」とは、この地球上に生存するすべての民族が、あたかも一軒の家に住むように仲良く暮らすことを説いたもので、つまりは世界平和の理想を掲げたものだといえます。「八紘一宇」を大和言葉で読むと、「あめのしたひとついえ」となります。趣のある、とても美しい言葉です。わが国の悠久の歴史も、先祖からの連綿と続く襷のリレーであり、日本そのものが「大家族主義」だといえると思います。

一般的に組織は雇う側と雇われる側の立場に分かれますが、これは欧米的であり、私が理想とする形ではありません。古風な考えだという人もいるかもしれませんが、「大家族主義」こそが日本らしい伝統的な経営システムであり、私は学園を創立した当初からこの信条を貫いてきました。弱冠二十二歳の起業で、何もないところからのスタートでしたが、これが自分の天命と信じて続けてきたことにより、たくさんの素晴らしい人と出会い、支えられ、社会的にも評価を受けることができました。

私がやってきたことは、何も特別なことではありません。わが国ならではの「大家族主義」を引き継いでみただけのことです。私に限らず、全国には「大家族主義」を提唱する企業は数多くあると思います。

上野学園は、教職員という家族によって支えられ、家族と共に歩んできた組織です。半世紀を超えて歴史を重ねることができたのも、この「大家族主義」をモットーに邁進《まいしん》してきた結果と信じております。

私の人生観

SBIホールディングス㈱ 代表取締役会長兼社長 北尾《きたお》吉孝《よしたか》

私には、中国古典を学ぶ過程で染みついてきた人生観が大きく五つあります。

一つ目は「天の存在」を信じる心です。天の存在については、認める人もいれば、認めない人もいるでしょう。私は育ってきた家庭環境の影響もあって、幼い頃から天の存在を自然と信じていました。長じて中国古典に親しむようになってからは、天の存在を確信するようになりました。「天の存在」を意識することで、人が見ていなくても天は必ず見ている、だから自分を律しなくてはいけないという気持ちを常に持つようになりました。

二つ目は「任天」「任運」という考え方です。『論語』の中に「死生命《しせいめい》あり、富貴天《ふうきてん》にあり」という言葉があります。自分に起こったことはすべて天命だと思い込むことで、たとえば逆境は修養が足りない自分に天が与えた試練だと思えるのです。

三つ目は「自得」、本当の自分を知るのです。自分自身というのは、わかっているようで、なかなかわからないものです。『老子』には「人を知るものは智、自らを知るものは明」という言葉があります。自分自身も含めた人間というものを知らずして、大したことは成し得ません。自得すべく修行するというのがすべての出発点であると私は思います。

四つ目は「天命を悟る」です。天から与えられた自らの使命を知るということです。私は四十九歳になったとき、「自分の天命はこの二つだ」と思うことがありました。一つは、インターネットによって顧客中心のサービスを消費者や投資家に安価で提供し、社会に貢献するということ。もう一つは、ともに働く者たちの経済的厚生を高めると同時に、事業活動によって得られた自らの資産を使って、恵まれない子どもたちのために社会貢献活動を行うということです。その思いは今でも変わらず、それにしたがって私は行動しています。

五つ目は「信」「義」「仁」という倫理的価値観です。私は『論語』の影響もあって、比較的若い頃から「信」「義」「仁」の三つを自らの判断の規矩《きく》としてきました。「信」は人や社会の信頼を裏切ることにならないか、「義」は社会的正義に照らして正しいか、「仁」は相手の立場で物事を考えているか、ということです。あらゆる判断をするときに、これら三つに照らし合わせて自分自身に厳しく問うようにしています。

ハングリー精神

医療法人榎本クリニック　理事長　榎《えの》本《もと》　稔《みのる》

私は昭和十年に生まれ、貧しい家に育ち、病弱でいつも寝てばかりいました。敗戦後、食べ物もなく、いつもハングリー状態でした。病弱な私を見て、看護師だった母は「医者になりなさい」と口ぐせのように言っていました。その後、高校時代に島崎敏樹先生（東京医科歯科大学精神科初代教授・島崎藤村の家系）の『感情の世界』を読んで大きな衝撃を受け、心の世界に感動し、精神科医になろうと決めました。

同二十九年、東京大学教養学部に入学し、東京医科歯科大学医学部を卒業後、同三十七年、福島県の精神科病院に赴任しましたが、そこで目にした光景に愕然としました。当時の精神科病院はすべて閉鎖病棟で、一歩も外へは出さないという状況だったのです。何か改革しなくてはいけないという気持ちが強く芽生えました。その頃、イタリアではフランコ・バザーリアが精神科病院を全廃するという革命を起こしていました。

同五十年に山梨大学保健管理センター助教授、次いで東京工業大学保健管理センター教授として勤務しましたが、定年前に職を辞し、自らが理想とする地域精神医療を実践しようと、東京・池袋駅近くに榎本クリニックを開業し、精神科病院の入院治療に代わるデイナイトケア診療を始めました。すると、多くの患者さんが来院するようになり、池袋駅前に一〇階建てのビルを（近隣の反対運動を乗り切って）新築することにしました。地域精神医療福祉センターの新たな発展を目指すうえでも、勇気のいる決断でした。

現在、ＷＨＯ（世界保健機関）の五大疾病に関する資料では、精神疾患が第一位。日本でも急増する新型うつ病、アルコール、薬物、ギャンブル、セックス、万引き、ゲームなどの依存症や発達障害は、いわば現代病であり、社会が心の病気を作っているのです。

二十一世紀は、心の病を抱える人たちを社会のなかでサポートしなければいけない。そのためには居場所を作る必要があります。今では新大塚や飯田橋、御徒町《おかちまち》、大森、小岩、大船にもクリニックを開き、毎日約一〇〇〇名が通われています。ここから先はイタリアの真似ではなく、日本型の地域精神医療を全国的に展開しようというのが私の構想です。また、いまだ閉鎖病棟の多い東南アジアでの展開も視野に入れています。

常に心のなかにあるハングリー精神こそが、私の人生を突き動かす原動力になっていると自負しており、これからも理想に向かって進んでいきたいと思っています。

肌感覚

㈱ＥＢＡホールディングス　代表取締役社長　江《え》場《ば》大《だい》二《じ》

私はほとんど会社にいることがない。従業員からは、社長はどこで何をしているのかと不思議がられることも多いと思うのだが、私からすれば、自分の時間の一分一秒を「あること」を磨くために使いたいので、とにかく毎日、環境が違う世界に身を置き、色々な方とリアルな世界でコミュニケーションをとることで、ポジティブなイメージを持つことができるように鍛錬するのが最近のもっぱらの日課である。

私が駆け出しだった頃、父親から「経営者の仕事は決めることじゃ」と帝王学を学んだことをよく覚えている。実際、経営者として社内外から求められるのは、最終的に決断することだと私自身よく理解しているつもりだが、いざとなると色々な選択肢があり、迷ってしまうこともしばしばである。ときには、経営コンサルタントや〝先生〟と呼ばれる方たちに意見を求めることもあるが、多くの意見は書物や他人の経験からの転送で、私自身が納得する答えにたどり着くことはまれにしかない。

自身の最近の経験談であるが、なぜか何事も非常によい方向に進むことが多くなったと感じている。振り返ると、会社や人生の方向性を決める際、私は第六感で決めることが多くなっていると気づいた。第六感というと、直感やスピリチュアルなど科学的に証明できないような感覚であるが、私はそれを「肌感覚」という言葉で表現するようにしている。

前述の私が大半の時間を使ってでも鍛錬したい「あること」とは、この肌感覚を磨くことである。私の人生の師である志ネットワークの上甲晃《じょうこうあきら》さんは、「現地現物」という言葉をよく使う。何事も現場で直接見聞きしなければ本当の真実は見えてこないということは誠に説得力があり、私の心に奥深く根づいている。だから、たとえば会議で報告があった場合も、自分の肌感覚と相違があれば、必ず現場に行って直接確認をしてしまうし、インターネットや書物の情報も興味が湧いたら現地へ出向いてしまう癖がある。

そして、肌感覚を磨く際に最も重要なのが、ネガティブな体験や発言をなるべく自身から排除していく癖をつけることである。成功者といわれる多くの人の発言に「自分は運が良い」という言葉があるが、これは運が良いと思えるか、思えないかという考え方の違いだと思う。したがって、ポジティブな肌感覚、すなわち決断する際に自分の思い描く未来が想像できること。これこそが私が磨くべき「肌感覚」だと実感している。

徳を尚《たっと》ぶこと学知金権より大なり

㈻大多和学園　開星中学校・高等学校　理事長
大多《おおた》和《わ》聡《あき》宏《ひろ》

一九二四（大正十三）年、私の祖父母は洋裁学校を創立し、その際に人間教育が不可欠として、「モラロジー」を取り入れました。「モラロジー」とは、法学博士であった廣池《ひろいけ》千《ち》九郎《くろう》（一八六六〜一九三八）が、世界の諸聖人の教説および実行上に一貫する道徳原理を「最高道徳」と名づけ、その有効性を諸科学の成果に照らし合わせて人間がよりよく生きるための指針を探究し、提示することを目的として創建した総合人間学です。

本学園は、時代の変遷と共に、女子校から共学校へ、家庭科中心から普通科中心へ、高校単独から中高一貫へ、学校の形態は転換していきましたが、根幹に「モラロジー」を据えることは不変で取り組んできました。

一九九七（平成九）年四月、私は満三十九歳で校長に就任しました。私学では、もっと若くして校長になる人もいましたが、私は文字通り若輩でした。そんな私が校長としてまず考えたことは、意思決定の指針を持つことでした。本学園の教育理念である「モラロジー」を、まずは私自身がしっかり学び実行することが大切だと考えました。

廣池千九郎は「モラロジー研究所」（現・公益財団法人モラロジー道徳教育財団）を創立しており、私はそこでの講座や出版物から学びを深めていきました。廣池博士は「新科学としてのモラロジーを確立するための最初の試み」としての大著『道徳科学の論文』の第二巻に「最高道徳の大綱」として、自ら実践された結晶を一三六の格言にして遺されています。それらの中から、現代社会を生きる私たちの指針として特に重要と思われる六五点を抜き出し、解説が付せられた書籍が『最高道徳の格言』です。その中にある、私の人生を支えている信条としての格言を本拙文のタイトルに使わせてもらいました。

この格言は、人生における真の価値とは何かを示したものです。「徳」とは、道徳的な心遣いと行いを累積することで形成される人間性です。「モラロジー」では「品性」という言葉をよく使います。ちなみに、本校の「建学の精神」は「品性の向上をはかり」で始まります。品性は人間の諸力、すなわち学力、知力、金力、権力などの中心にあり、それらを活かす根源的な力です。ゆえに「最高道徳」では、品性に最も高い価値を置きます。

私たちはとかく目に見えるものを大切にし、目に見えないものは疎《おろそ》かにしがちです。目に見えない品性、すなわち徳こそ人生を支える根本とし、これからも歩んでまいります。

障がい者活躍から学ぶこと

オムロン太陽㈱　代表取締役社長　辻《つじ》　潤《じゅん》一《いち》郎《ろう》

中村裕《ゆたか》医学博士。社会福祉法人「太陽の家」の創設者であり、昭和三十九年の日本パラリンピック開催の立役者で、日本選手団の代表も務めた博士は、多くのハードルがありながらも大会を実現されるなど、障がい者への愛にあふれていました。

博士は「保護より働く機会を」をモットーに、障がい者の自立支援を行う「太陽の家」を設立し、保護に頼る日本の福祉を変えようとされました。また、「世に心身障がい者はあっても仕事の障がいはありえない」との考えを社会に広めるべく、一九七二年、オムロン創業者の立石一真氏と共に日本初の福祉工場「オムロン太陽」を設立しました。障がい者雇用やCSRという概念がまったくない時代に、障がい者と健常者とが一緒になって働くという珍しい会社でした。以来約五十年にわたり、双方の法人は日本の障がい者雇用を牽引《けんいん》してきました。私は二〇二〇年より現在の会社で働くことになり、多くのことを学びました。

中村博士は数々の名言を残されています。中でも私が特に感銘を受け、今も自分の羅針盤としているのが「失ったものを数えるな。残されたものを最大限に活かせ」です。これは、事故や病気によってできなくなったこと、失くしたものを嘆くのではなく、残された機能や今できることを精一杯やって前に進んでいくんだ、という考えでした。この言葉に勇気づけられたパラスポーツの選手や障がいのある方が、職域を拡大するなどして、社会のさまざまな場面で障がい者の活躍が推進されてきました。

この考え方は、障がいを持つ方だけでなく、健常者にも有益であると感じています。人は苦手なこと、不得意なこと、他人より劣っていると感じる場面に遭遇すると、マイナス面ばかりに目を向けがちです。しかし、人には必ず得意なことや他人にはない特長、他人がどう思おうと自分の中では誇れるものが絶対にあります。それをどう仕事や人生のなかで活かし、プラスに持っていけるのかを考えるほうが大事であり、私もそのようにして努力し行動する人は、結果的に成果が出やすいという経験をたくさんしてきました。

やらねばならないことはたくさんありますが、中村博士の言葉を心に留めて、「自分は何ができるのか?」「何が一番社会に貢献できるのか?」を常に自問自答しながら今後の人生を全うしていくつもりです。

構造色のあるロードマップ

㈱オールインワン　代表取締役社長　三谷《みたに》　廣《ひろし》

仕事をしている者は誰でも、自分の会社のこと、他の産業のこと、あるいは自身の努力が会社の成績に直接つながるもの、自分の努力ではどうにもならないことなどについて、色々考えさせられます。

また、仕事を通じて満足したり、妥協したり、悩んだり、絶望したり、ときには誰かのアドバイスや自分のひらめきで考える方向を変えることで、目の前の霧が晴れたりすることがあると思います。

私は鉄鋼産業と飼料産業に従事してきましたが、若かりし頃に所属した鉄鋼会社の時代に仕事とは何かを学び、現在経営を任されている飼料会社に入社してからは、仕事はどうやってするのかを教わりました。

特に飼料会社に入ってからは、それ以前よりも学生時代からの友人との交流が増え、私とは異なる世界で生きる彼らの経験から学ぶことが多くあり、彼らと議論したなかからヒントを得て、幸運にも困難を乗り切ったこともありました。

このような経験を通じて私がたどり着いた信条は、「しっかりとしたロードマップを作り、信頼できるパートナーや仲間を持ち、自身が描くサクセスストーリーを信じて、世界環境の流れや新技術の変化に逆行しないように努力すればいい」ということです。

バンドワゴン的と揶揄されることがあっても、企業を守るためのたゆまぬ努力を続け、マーケットをしっかりと睨んで、時々に応じて的確・最善と思われる判断をしていれば、ホームランは打てなくてもヒットはこつこつと打てるのではないか。最近、やっとそう思えるようになりました。決して「社運を賭ける」などと豪語したり、それを実行したりはしません。

この努力はさほど苦しいものではありません。なぜなら、成功すればみんなが楽しい上に、社会に役立っていると思える作業だからです。これからもしっかりとしたロードマップを描きながら、一歩ずつ進んでいきたいと思います。

私のゼロワン物語

㈱オレンジホールディングス　代表取締役　柳生美江《やぎゅうみえ》

私は薬学部卒業後、大阪大学微生物研究所に実験助手として週四日勤務、五月に結婚、六月には高校三年生に化学を教える土曜私塾を週末起業しました。二十二歳のときです。三十歳でハワイを初めて訪れ、二日目にコンドミニアムを六万ドルで買い、翌年ハワイで会社をつくり、毎年一つずつ小さなコンドミニアムを買い、NYテロの際に全部売り、二〇〇二年一月二十三日、薬局の会社を設立しました。下の子どもが高校を卒業する春でした。それから二十二年が経ち、コロナ禍中は三三店閉局しましたが、売上一二〇億円、七〇〇名雇用の会社になりました。二つ目のハワイの仕事は、コロナ禍前に一四だったコンドミニアムは現在八三ユニットになり、アメリカ人に一カ月レンタルで貸しています。三つ目の仕事もあり、大変忙しい日々を過ごす六十五歳の私の信条は、ドラッカー氏の新しい市場や顧客の創造という教えです。

薬局の仕事は、起業時はすでに大病院横も繁盛、クリニック横も他社がいて、新規独立予定の医院横しかありませんでした。赤字のゼロから七年かけてコツコツと店舗を増やし、今は約一三〇店舗になりました。上場会社や他社の一店舗売上は平均二億円が普通ですが、弊社は一億円未満。そんなチェーン店はなく、チェーンではできない新しい市場をつくったかもと思っています。また、ハワイの物件はコロナ禍初期の投売の時期に購入し、日本人に一カ月レンタルするという新しい顧客創造のためにハードとして買いました。しかし円安のため、日本人は沖縄に行き、アメリカ人に貸しているというのが現状です。

この二つのビジネスにおいて、本の先生はドラッカー、解説は小宮一慶先生。起業家教育としての大学院の先生はメガチップス創業者の進藤晶弘先生で、こちらは赤字状態から純利益二〇〇億円の黒字を二年連続して達成した、すさまじい創業経営者です。

進藤先生は最終講義で次の言葉をくださいました。「成長は変化なり、人間は成長していない限り存在感も幸福感もない。人にはそれぞれ齢《よわい》に合った人生の命題がある。できないという証明は、できるという証明より各段に難しい」。私は宗教人ではありませんが、人には神に与えられた使命があると考えています。使命は無条件で、期限も引退もない。健康でも病床でも死の床でも果たすもの。ならば、私の使命は何か。七〇〇名の従業員を少しでも幸せにするために、前を見て残された時間を歩んでいきたいと思っています。

志を全うするために

角井食品㈱　代表取締役　角《かく》井《い》美《み》穂《ほ》

「親分は子分のためになんとかがんばってください」

パンデミックが始まり、緊急事態宣言となった頃、主治医からいただいたひと言です。話は、もうすぐ四十歳になるという頃にさかのぼります。健康診断で膵臓に腫瘍が発見され、手術が必要と診断されました。今思えば、自分を労ってこなかった生活への報いだったのかもしれません。手術をし、一週間と予定されていた入院は、結果として一カ月以上にわたり、退院後も思うように食べられない日々が続きました。

手術の半年後、私は父から会社を承継し、その四年後には世界中が新型コロナウイルスによるパンデミックに見舞われました。目に見えないウイルスとどう向き合えばいいのか。従業員の雇用と同時に安全も守らないといけないという不安。売上が半分になる日々が数カ月続き、不安や弱音をどこにも吐き出せず、どうやってこの苦難を切り抜けていけばいいのか、朝から晩まで考え続ける毎日でした。

ある日、コロナ対応で忙しかったに違いない主治医に、八つ当たりとも愚痴とも言えぬ近況報告のメールを送ったときの返信が、冒頭のひと言です。

令和の時代に「親分と子分」というのも先生らしいなと苦笑しつつ、「なんとか」というひと言が私の心の支えになりました。従業員を守るためには、つらくてもあとひと踏ん張り。かろうじて踏ん張っていれば、それこそなんとかなるんじゃないか。そう自分に言い聞かせました。

「一生懸命がんばれ」「必死でやれ」でもなく、「なんとかがんばってください」と言われたことで、完璧を目指さず、「あとちょっとだけがんばろう」と心が軽くなり、わずかな気力はまたその次の気力につながり、いつしか私はずいぶんと元気が出るようになりました。そのおかげで、仕事は皆で一丸となり、試行錯誤を重ねていくことができました。

本来、経営者であれば、志を全うするために完璧を目指すことがあるべき姿なのかもしれません。しかし、努力の過程で途方に暮れそうになったとき、かろうじて手を離さずにしがみつくこともまた、一つの道だと気づきました。

「なんとかがんばってなんとかする」――私にとってこの生き方に気づいたことは、病気の治療よりも大きな収穫だったと言えるでしょう。

奇跡を呼び込む力は何か

㈱カスタネット　代表取締役社長　植木《うえき》　力《ちから》

当社は二〇〇一年に創業したオフィス用品を販売する会社ですが、一緒に働く従業員によると、私は「奇跡が起きた」と言うことが多いようです。奇跡とは、常識では起こりえない不思議な現象ですが、私が経験した奇跡はすべて「人との出会い」に起因しています。

いつもならエレベーターを使うところ、健康を考えて階段で降りていると知人に再会、そのときの会話から大型商談につながったことがあります。創業後の二年間で六〇〇〇万円の赤字を出すなか、カンボジアで学校建設に尽力する人との出会いをきっかけに、日本中から文房具を集めて現地に寄贈。その途中、現地の方との会話の通訳間違いから後に引けなくなり、小学校校舎を寄贈するという身の丈に合わない活動を続けていると、京都を中心とした市民の支援活動が生まれ、訪問できないほどの企業を紹介していただくことができました。倒産寸前のベンチャー企業が、市民活動、社会貢献で助けられた奇跡。どん底で見返りを求めず放った一本の矢が世論の後押しという的に命中したのだと思います。

東日本大震災後、継続して被災地に足を運ぶなか、風化されていく被災地の現状を伝えることを目的として始めた防災用品事業では、現地で出会った多くの被災者の生の声や東北大学教授との出会いから、新たな防災グッズの開発ができました。その一つ、マルチポンチョの生産ラインを活用して、新型コロナウイルス感染症により不足していた医療用ガウン（アイソレーションガウン）を製造し、厚生労働省や全国の医療機関に供給するだけではなく、障がい者施設にも提供を行いました。

高度成長期より前、私の家も周囲の家も貧乏な時代に、両親が貧しい人を家に泊め、食事や風呂の世話をするのを見て育ちましたが、当時はなぜそんなことをするのかと不思議でした。しかし、会社を設立後、両親から自然と受け継いだ社会貢献の心を発揮し始めると、良い人たちとの出会い、そして奇跡が起こり、良いビジネスの循環に入れたのです。

被災地では「家庭の防災備蓄は人によって必要なものや優先順位が異なり、普段使用しているもの、食べているものがよい」と教えられました。そこで、防災意識向上の面からも中身は家庭内で話し合うことが重要と考え、中身が自由に選択でき、外面はぬり絵ができる手持ち型の「Ｍｙ絆ＢＯＸ」を開発しました。天国の両親に感謝を伝えるべく、今後もこうした社会づくり活動を行うことで新たな奇跡を呼び込みたいと思っています。

心の経営を甘く見ていた私

川村義肢㈱　代表取締役　川村《かわむら》　慶《けい》

カリスマ社長だった父が逝去した二日後。緊急取締役会議で役員から「年商以上の借入金がある会社の社長には誰もなりたくない」と言われ、社長に就任した三十一歳の私。流行《はや》りの経営本を読み耽《ふけ》り、改善・改革を実践すると、それなりに経営数値が上昇し、以後も順調に進むと思えた。ただ、意識の高い社員は改善・改革の先にある「目的」が見えないと嘆き、次第に疲弊し、退職する者が続いた。技術を財産とする会社でありながら、「高給の社員が辞めてくれた」くらいに捉えていた未熟な私だった。

ある日、先輩経営者から「川村義肢という会社には愛があるが、経営者のあなたには愛が足りない」と指摘された。同時に教示いただいたのが、「全従業員の物心両面の幸福を追求する」という稲盛和夫氏の言葉。胸に突き刺さった。社員は報酬のためだけに働いているという乾ききった考え方を捨て去り、全社員、家族、地域に感謝する実践を始めた。

感謝の実践を続けていると感恩力が高まり、人はスナオになってくる。誰かを改めようとする前に、まず自分が改めるようになる。わが社はオーダーメイドの技術で、生命・生活・人生に困難を抱えた人たちに寄り添うことを生業《なりわい》としている。製造も営業も全社員がモノづくり集団のプライドを持ち、職人気質で真面目な人が多い。言葉数が少なく、同僚も気づかぬうちに苦難を独りで抱え込む傾向がある。そこから感謝の実践が動き出した。

教育者である丸山敏雄氏（倫理研究所）は、「純情」と書いて「スナオ」とした。相手の思いを素直に受容するだけでなく、自分の思いを素直に発動する。言うべきことは利他の精神をもってハッキリと伝える。照れやプライドを捨て、「助けてほしい」と言う。そのように一体感があり、助け合う風土を醸成するのが、社長である私の仕事だと考えた。

また、各人のキラリと光る能力を高めることに徹し、足らぬは仲間で補い合えばいいとも考えた。高校、大学、社会人と続けたアメフトと同じだ。各ポジションが専門性を磨き上げ、一つのプレーを完成させる。個性派集団をまとめ上げるのは、経営の「経」に当たる理念、哲学。それを維持するため、「営」に当たる戦略、戦術を全速力で回し続ける。経営の「やり方」と同時に、それに伴う心の「あり方」の重要性に気づくこともできた。

今、わが社は「物心両面の幸福の実現」と「地域社会への貢献」を目指し、感謝し喜んで働く「喜動」が社内に根づきつつある。社員の「純情」に感謝する日々である。

各種団体の役職を受ける覚悟

㈱環境設備計画　代表取締役　梶《かじ》原《はら》　等《ひとし》

経営者となれば、さまざまな課題がつきまとうものである。課題と言えば聞こえはいいが、実は問題なのである。これは避けようにも避けられない。会社の規模や業態は千差万別であっても、一つ片付けば、次の問題が発生するという事実は普遍と言えるものだ。

私の場合は比較的、同業種の方々との付き合いが多い業種である。同業者間の話題は共通でもあるが、大きな変化やインパクトを与えてくれるものは少ない。そして、気がつけば不平不満の話で盛り上がってしまう。これでは新たな発想も生まれにくくなる。

二十代半ばの頃、同業のH先輩から青年団体（JC）への入会を勧められた。本業以外のことに携わる余裕がなかった当時の私は、会合には数回参加したものの、参加者は年配の怖い方々ばかり。H先輩の会社の社員からは、中途半端な環境で携わっても逆効果、無理はしないほうがいいと諭された。結果、そのときは入会することなく終わった。

やがて三十代半ばになり、再び誘いを受けたが、そのときは十年前とは状況が違った。親と経営していた会社が経営不振で立ち行かなくなっていた。そんな状況を知ったH先輩が助け船を出してくださったのだ。経営再建のヒントを得るべく、藁にもすがる思いで入会したが、二カ月後、やむなく会社を閉じることになってしまった。

その後、私を再生させるため、H先輩やその会社の社員が応援してくれたおかげで、苦しい状況にあったなかでも青年団体は退会することなく継続し、卒業することができた。また、H先輩の会社を訪れる方々は皆、素晴らしい経営者だった。その方々からも大きな影響を受け、彼らは私の目指すべき目標になった。やがて、私自身も現在の会社を設立し、経営者となった。その後はH先輩や青年団体との関わりなどから、私自身もさまざまな団体に所属するようになり、役職をいただけるまでに成長することができた。気がつけば、国際奉仕団体（RC）の地域リーダー的な役職、業界の県会長や全国組織連合会の副会長なども担うようになり、業界発展や後進育成に尽力できるようになった。

H先輩との出会いが異業種の方々との出会いにつながり、こうした方々のおかげで変化や日々の問題に対して柔軟に対応できる今日の私がある。本業以外に役職を受けることが、結果として自身の成長だけでなく、業界や後進の成長につながっている。そう感じるのである。役職は使命であり、今現在の環境に感謝です。

人生に近道はない

㈱元祖・としね　会長　利《と》根《ね》博《ひろ》己《み》

あと数カ月で七十四歳になるある日「人生に近道はない」というフレーズが頭に浮かんだ。どんな意味があるのだろうと、我が人生を回想して観る事にした。

尊敬する「鍵山先生」の教えの一つに〝満杯に張ったプールに一滴の水を注ぐ努力〟という教えがある。たかが一滴の水を注いでも、プールの水は溢れる事はない。しかし、コツコツ毎日やり続ける事でいつの日か、一滴の水がプールから溢れる。その後は絶え間なく水は溢れる。そんな生き方を私はして来た。と、鍵山秀三郎は話した。

琴線に触れた言葉だった。以来、自分の生き方として、実践できる人間になりたいと決意し、出逢えた重鎮の方々の話しや生き様を学び生きて来た。

例えば〝直ぐやれば直ぐ済む〟の教えは、実践は難しいが意識して努力したので、いささかではあるが身に付いた。また〝そこまでやるか〟の教えも、人が喜ぶ事を想定して心を添えた行動が出来る様にもなった。そして〝商人は「不の解消人」〟の教えは「不」を解消すれば「便利」になり「満足」と変わる。

中学一年の時、私の親父が仕事中に事故で亡くなった。親父は部下七人全員を事故から救い、我が命と引き換えに独り死んだ。生きれば生きられた筈なのに、まさに親父は〝我なし精神〟で、男の死に様を教えてくれた。

私は夢として「百年企業を目指す‼」を掲げている。来年二〇二四年に、当社は五十周年を迎えるが、目標達成の年に私は生きてはいない。然し〝魂《たま》しい〟は生きて続けていると信じている。

世の中は、決して美しいものばかりではない事は、永く生きていれば分かる。それでも〝恕《じょ》の精神〟をバイブルに生きている。いつも苦労して損ばかりして来たが、この歳になって感じる事は「豊かな心」を得た気がして、全てに感謝出来る様になった。

「人生に近道はない」という言葉は、回想出来た事に意味があったのだと確信できる。

〝満杯に張ったプールに一滴の水を注ぐ努力〟こんな生き方を、命尽きるまで、夢を諦めず、コツコツとあらゆる事にも手抜きをしない人生を生きて行きたい。　合掌。

龍になれ　雲おのずから集まりくる

QSTA九州スタッフ㈱　代表取締役会長　大霜《おおしも》　洋《ひろし》

表題の言葉は、わが生涯とともに醸成されたモットーである。学生時代、専攻ゼミが終わると教授が大学正門前にある居酒屋の奥座敷にゼミ生を招き、一杯やりながら社会勉強について論じた。教授は法学博士、労働関係省庁の方々との付き合いが多く、酒豪であった。自らの経験や自慢話も交えつつ、社会に出てから大切になる人間関係や生き方を酔った勢いで話してくれた。われわれも飲めない酒を前に、教授の話をよく聞いた。

教授の常々の言葉は、「人間関係を良好に、率先垂範に徹せよ」であった。リーダーになり、組織や周囲を引っ張るためには、その人の人間性が問われるのだと。教授は文学にも長けていたようで、白樺派の大文豪・武者小路実篤が建設した「新しき村」のリーダー論者であった。実篤が建設に燃える村人に呼びかけた言葉が「龍になれ　雲おのずから集まりくる」である。龍は架空の生き物であるが、中国では強権を持ち、幸を運ぶ神様とされる。つまり、龍を支える金雲のように人が集まってくる、強いリーダーになれと。

社会に出た私は、組織でもまれ、営業先から教えられ、教授の教えによって信念を醸成し、それらの経験から座右の銘やモットーが大事であると強く感じるようになった。昔から口のほうが先立ったため、出る杭として打たれることもしばしばであった。ただ、家庭も組織も、リーダーシップが執れて、周りから信頼・信用を得られなければ、すべて事はうまくいかないと知った。

ある日の日経新聞の夕刊で、偉大な経営者の一人である森ビル会長の森稔さんが先の言葉を愛し、「私にとって龍は理想、忘夢の象徴であり、この言葉は既存の壁に挑戦する支えだった。批判を恐れず、己の信念を貫く勇気を龍からもらい、金色に輝く雲に助けられて今がある」と語っていたが、まさに同じ思いを抱いていた私は大いに感銘を受けた。

パナソニックを定年退職以来、今の会社を八十歳まで維持発展し続けられたのは、社員を鼓舞し、お得意先にもこのスピリットを発信し続けてきたからである。今思うと、龍の仕業としか思えない出来事も多々起こった。それは、弱小企業ながらNHK地上放送デジタル化の九州補助事業を三カ月足らずの猛スピードでやり遂げたり、北九州メディアドームで二万人を動員したり、家電機器を二日間で一億五〇〇〇万円売り上げたりなどだが、このモットーに支えられて数々の企画の成功があったのだと感じている。

「素直な心」で実りある人生を

㈱京都総研コンサルティング　相談役　濱岸嘉彦《はまぎしよしひこ》

二〇二一年六月より弊社で仕事をしていますが、前職は生まれ育った地元の京都銀行で四十年強、その半分近くは支店長、所長、部長、執行役員、常任監査役等の役職に就き、地元企業の発展を支援し、地域社会の繁栄に貢献することを使命として仕事をさせていただきました。

社会に出て、銀行に入行してから数々の名言、箴言《しんげん》にふれてきましたが、高校生のときに漢文の授業で学んで以来、心に刻まれている「忠恕《ちゅうじょ》」という言葉を長く大切にしてきました。

この言葉は『論語』に収録されており、『広辞苑』には「まごころと思いやりがあること。忠実で同情心が厚いこと」と記されています。私自身は「誠実と思いやり」と理解し、公私を問わず、常に相手の立場に立って物事を考え、相手のためにならないこと、嫌なことは言わない、やらないということを心掛けてきました。ときには厳しいことを言わなければならない場合もありますが、それは自らの良心に従い、相手や会社、世の中がもっと良くなってほしいとの思いからでした。

現代において「忠恕」という言葉を考えてみれば、周りの人々との円滑な関係の構築はもちろん、顧客本位の対応、コンプライアンス、ハラスメント防止などの観点からも不可欠なものだと言えるかもしれません。

また、これまで多くの失敗や困難、試練を経験し、その場から逃れたいと思うこともありましたが、「マイナス思考に陥らない」ことを意識してきました。「つらい経験や思いをするのは、今の役職に就いているからであり、恵まれているからなのだ」。そう考え、難局に挑みました。

「艱難汝を玉にす《かんなんなんじ》」という言葉がありますが、苦しみや困難に直面したときも、常に感謝の気持ちを忘れず、前向きに考えることが実りある人生につながると考えます。

人間の無限の可能性を信じて

京都中央信用金庫　理事長　白波瀬《しらはせ》　誠《まこと》

私は一九七二年に入庫しました。最後の団塊世代です。新入職員時代には先輩の指導のもと、少しでも京都の産業の発展に貢献したいという思いで、さまざまな仕事に精いっぱい取り組んでまいりました。

学生時代は四年間で本を一〇〇〇冊読破しようと考え、日々読書に耽っていました。現在も本からの学びをメモにとり、経営に活かしています。また、二十代の頃は、仕事は好きでしたが、上司とのコミュニケーションがうまく取れず、大変苦労しました。その経験から数多くのことを学び、それが現在にも活かされており、今となっては良い経験だったと思っています。苦労したことで、人心を理解できるようになりました。支店長に就任すれば、組織を維持成長させるために、能力を出し切れていない職員を活かしていく必要があります。若い頃に苦労した経験と読書で得た知識が支店経営にも大いに役立ちました。

私は、「人間には無限の可能性がある」と思っています。だからこそ、成長できる環境を整え、教育することが大切であり、それは支店長の責務だと思っています。同時に、職員間の共感を育む「心の経営」が必要とも考えます。そこで大切なのは、自分の所属する部署で起こるすべてを自分事と捉えることです。人間の能力差は、実社会においてはそれほど大きくないと思います。目の前のことだけでなく、その先にあることにも興味を持って関与し続ける。そうすることで視野が広がり、人生は大きく変わっていきます。自分の頭のなかで考えたことを実践し、それが形になって成果が出たら、次にまた新しい目標にチャレンジするという成長循環ができます。すると、仕事は楽しくなるものです。

私がよく口にするのは「志高清遠《しこうせいえん》」という言葉です。「志はより高く、心は清く誠実で、理想は遠大であれ」。目標を達成すれば、満足せずに次の目標に向かっていくことが大切です。「満足は後退の始まりであり、目標は通過点である」と考えています。

京都中央信用金庫は地方銀行並みの規模ですが、信用金庫の独自性を発揮し、きめ細かな仕事を心がけています。地元企業の新たな価値を創造し、地域経済の活性化に貢献することが第一と考えています。変化の激しい時代こそチャンスと考え、何事もポジティブに捉えて前を向き、リスクの予兆管理をしたうえで積極的にチャレンジしていくことが必要です。高いモチベーションは、さらに大きな飛躍へとつながる原動力なのです。

自己流から一流へ

清川メッキ工業㈱　代表取締役会長　清《きよ》川《かわ》　忠《ただし》

当社は二〇二三年で創業六十年となります。めっき全般の加工を行っていますが、一般に言われる装飾めっき、機能めっきとして、電子部品、スマートフォン、パソコン、電化製品や自動車用及び精密機器の半導体、医療機器としての特殊めっきなどが多くを占めるようになってきました。めっき用の機械は市販されておらず、加工の大半は専用機で行い、それらはすべてオリジナルとして製作しなければなりません。また、製品の種類、大きさ、金属材料の種類、めっきの種類により、それぞれに合わせた専用機を製作する必要があります。そこで当社は創業より、めっき前工程、めっき工程、後工程、検査工程に至るまで機械類のほとんどを自社設計、自社開発で行っています。

まずは試作から始まり、手動機により量産に向けた半自動機を製作し、さまざまな問題点を解決すると、次に全自動機、そしてライン化まで行います。試作機から全自動機を製作するまで、品質、コスト、納期などの課題を一つひとつ解決しながら、お客様のご要望にもとづいて進めています。特に電子部品、半導体といった部品は小型化に特化したモノづくりとなるため、あらゆる面で高い精度を持った専用機が必要になります。当社も省エネはもちろん、小型化することにより、材料は少なく大きな機能を持つ小型部品に特化した専用機を開発し、ナノ単位めっきへの対応も可能にしてきました。

地球環境が悪化している現状を受けて、ＳＤＧｓへの取り組みが世界中で推進されています。自動車であればハイブリッド車や電気自動車、通信機であればスマートフォンやパソコン、電化製品のように、大きな機能を持ちながら、省資源かつ省エネ化された商品が求められています。当社もこうした時代の流れを避けては通れません。

三、四十年ほど前、東京・浜松町の貿易センタービルのモノレール乗り場に続くエスカレーターを上がると、その前方の壁に掲げられていた言葉が目にとまりました。「自己流から一流へ」。とても良い言葉です。もともと、流派なるものは存在せず、自己流でつくられた製品が長く使われ、愛され、喜ばれ、やがて一流といわれるようになります。一流ブランドとは、切磋琢磨し、励まし、そして努力をした者が勝ち取るものなのです。当社もモノづくり、企業づくりに努め、特に社員の技術向上のため、めっき技能検定、国家試験、ＩＳＯ規格認定、現代の名工といった技能者を生む資格取得などに努めています。

人様にかわいがられる人になりなさい

㈱銀座・トマト／異業種交流会　ＶＡＶ倶楽部　会長
近藤《こんどう》昌平《しょうへい》

「人様にかわいがられる人になりなさい」。これは、亡き母の口グセでした。「お世話になることは一回だけかもしれないけれど、そのご恩を決して忘れてはいけないよ。嬉しかった気持ちを忘れないよう、お世話になった方の喜ばれるものをお贈りしたり、時にはお会いして感謝の気持ちをお伝えすることが大切だよ」。私が前職ボンボヌールを創業した頃、母は私がお世話になった方々のところにご挨拶に伺って、陰でしっかり私を支えてくれました。そんな母の生き方を皆さんがとても褒めてくださいました。

私が初めて銀行から借り入れをしたとき、父の友人の森田秋男さんという方に保証人をお願いに伺ったところ、「お父さん良い人だったなあ」と、快く引き受けてくださいました。五十年も前の一〇〇〇万円以上の保証です。また、その二年後には新しい工場の建設資金として一三〇〇万円を「いつでもいいぞ。返せる時が来たら持ってこい」と、無条件・無利子で貸してくださった原田繁さん。

その工場のオープンパーティーを名古屋の料亭・蔦茂で開催し、八〇名余りの方々にお集まりいただきました。宴も盛り上がってきた頃、お客様の北野芳蔵さんという方が「オーイ、近藤くん」と私を呼びました。「何だろう」と思いつつ北野さんの前に座った私に、北野さんは「近藤くん、今日の費用のいっさいは僕からのお祝いとして黙って受け取ってくれ」と一言。これには私もびっくりしました。

後日、お借りした現金をお返しに、原田さんの会社を訪れました。「俺の見込んだ男に間違いなかったぞ！」と、自分事のように喜んでくださいました。森田さんには借り入れの完済を、北野さんには仕事がうまくいっていることを報告したところ、共に喜んでくださいました。

今振り返ると、私にはこういう方々が本当にたくさんおり、支えてくださったのです。幼い頃から知らず知らずのうちに、両親から人としてどうあるべきかを学んだのでしょう。その後、私はそういう方々のお誕生日には必ず贈り物を、お亡くなりになるまで続けました。五〇名以上いらっしゃった恩人も、今ではほとんど鬼籍に入られています。

私は、亡き両親から義理人情、謙虚さ、優しさ、誠実さといった精神文化を学んだのです。今も両親に倣《なら》ってご縁を大切にし、折りにふれて感謝を表すお手紙を書いています。

後継者として支えられた言葉

銀鳥産業㈱　代表取締役社長　西《にし》村《むら》友《とも》秀《ひで》

「先人を求めるな、先人の求めたるところを求めよ」

この言葉に初めて触れたのは、銀鳥産業に入社する前の会社で働いているときでした。ただ、当時は特に感銘を受けることもなく、何となく心に引っかかる程度でした。

三十二年前、二十八歳で銀鳥産業に入社した私は、創業者の祖父・政一に憧れていました。ゼロから創業し、周囲をぐいぐい引っ張りながら事業を続けてきた祖父は本当にすごい、そんな経営者になりたいと思っていました。一方、祖父の後を継いだ父は経営者としては大人しく感じ、これからは私がしっかりしなければ、と思ったものです。

その後、私は副社長を経て四十三歳で社長を継ぎました。本来、私は祖父のようなタイプではなく、父とも性格が違います。それでも祖父のような経営者を目指し、張り切って仕事をしていましたが、失敗が重なり、何をやってもうまくいかない日々が続きました。

そんなとき、先の言葉に再会したのです。最初は懐かしいなと感じたものの、あまりにも今の自分に必要な言葉だと思い直し、すぐに意味を調べました。すると、自分は祖父を追いかけて失敗し、父の大変さを理解していなかったのでは、と気づかされたのです。

そして生前、祖父が「銀鳥産業は、こどもがいる限りつぶれない」と言っていたことも思い出しました。創業以来、こども向け教材の開発を主たる事業として進んできた銀鳥産業は、偶然ではなく、それこそ「こどものために」との思いで走り続けてきた祖父の求めたるところなのだと気づきました。また、父が何も言わず、私に仕事を任せてくれたのも、大人しいからではなく、「任せる」ことが父のやり方、父の求めたるところなのだと気づいたのです。後継者を、社員を信じて任せる。それはとても勇気のいることです。

「まなびとあそびですべてのこどもを笑顔にします」。これは先の言葉に再会した後、セミナー等で学びながら私が定めた新しい経営理念です。創業者の求めたるところ、「こどもの笑顔」を事業の軸にすることを理念の中心にしています。そして、この理念を実現するために社員教育を充実させ、やる気のある社員にどんどん事業を引っ張ってもらう、そんな会社を目指しています。それが現会長の父の求めたるところだと考えるからです。

先人を求めたり、先人から離れたりせず、先人の求めたるところに自分の思いを重ね合わせた自分なりの会社、経営を今後も目指していきます。

無常下、軸となる一つの志

CooKai㈱　代表取締役　北《きた》林《ばやし》弘《ひろ》行《ゆき》

経験と挫折、出会いと別れ。人生は多くの場面で私たちに深い学びを与えます。私の人生でも多くの経験を通じて自分自身を見つめ、価値観を築いてきました。

心に残るのは、新卒入社した大手メーカーの初期研修で得た「一事徹底」という教えです。一つの事柄に対して真剣に向き合い、深く掘り下げることの大切さを示しています。この言葉は私の心に深く刻まれ、その後の職歴すべてにおいて道標となってきました。

一方で、人生のさまざまな局面において、一つだけを徹底するということの言葉は、ときに私に迷いを与え、疑問を感じさせることもありました。新しい挑戦を行う際、困難に直面したとき、一つの事に集中するだけで打開できるのか、という疑問です。

前出のメーカーでは、「常と変」という教えも受けました。時代の変化に対応し、自分を進化させていく重要性を示しています。私は、変化するなかでも変わらない一つのことがあるはずだと考え、自身のビジョンや考え方を見つめ直し、自己変革を試みました。それが、今の仕事である新規事業開発の支援、地域活性の支援へとつながっています。新規事業開発は、変化する市場環境に対応し、事業を成長させていくための重要な取り組みです。常に新しい視点を持ち、創造性を求められる挑戦でもあります。

当社の事業コンセプトは「軸となる事業のしくみづくり」であり、近年は「すべての人にアントレプレナーシップを」をテーマに活動しています。軸とは経営理念、ビジョン、ブランディングに通じるもので、それらが企業の一貫した目的を示し、組織全体の行動を導く存在になります。また、アントレプレナーシップは、その軸への継続的な挑戦と、実現のために必要な独創性とリスクを引き受ける勇気です。これら二つの要素は、経営の本質を映す鏡であり、それらを磨き続けることが組織の持続的な成長へとつながります。

市場環境は変化し、新たなテクノロジーが現れ、人々の価値観は変遷していきます。それでも「一事徹底」の精神で一つひとつの課題に対峙し、解決策を見いだしています。

人生もまた、変化しながらも一つのことを続けているのです。挫折や困難がつきものですが、それらを乗り越えることで得られる経験と学びこそが成長であり、深い充実感をもたらします。「一事徹底」と「常と変」。二つの教えが私の人生を支え、新たな挑戦へと導いてくれました。今後もこれらの教えを胸に、一歩一歩前進し続けていきます。

世界一の道具販売会社に

㈱國貞　代表取締役社長　鈴木《すずき》進吾《しんご》

「切れ味は天から授かる。心を入れて作ったものは違う、作る人によって違う。私の刃はキレイに切れると言われたね。そこを目指していたんだ」。これが、当社の創業者が鉋鍛《かんなか》冶《じ》のとき、刃を作る信条でした。時代は変わり、鉋作りから道具屋という道具と工具に特化した商売に変化して二十三年が過ぎました。一四店舗に拡大し、トレードマークのゴリラのお店が一人歩きするようになりましたが、今は厳しい時代になり、大手資本の同業店舗も増え、ネットでも道具が買え、テレビCMが流れる時代です。

お客様の大半は建築関連の職人さんです。しかも、ゼネコンや大手ハウスメーカーのお客様は少なく、最前線（末端）で働く職人さんが主たるお客様です。ただ、大手資本と町の金物屋の違いは「本物」という部分。世界の道具事情でも、日本のメーカーの製品はトップレベルです。それを職人さんにしっかり紹介する。新商品はどこよりも早く陳列し、アンテナショップとしての役目を果たしています。

お客様の要望に必ず応えることも大切にしています。お客様はさまざまな現場作業に直面しています。過酷な作業をクリアするために必要な道具があるのです。「こんな商品ないか？」の問いに必ず答えを出すことを、スタッフは心掛けてくれています。当社には道具に精通した人材がおり、色々なお客様の要望に耳を傾け、色々な提案をしています。良い解決策ばかりではないかもしれませんが、「ありがとう」という言葉にやり甲斐を感じているスタッフも多くいます。これも道具屋の強みだと自負しています。

建築の職人さんとともに日本建築文化の継承発展を目指して、多くの職人さんに利用してもらうことが当社の使命です。道具工具を通じて建築現場の安心、安全、効率が実現する商品を提供し、お客様に利益を上げてもらう。さらに、職人さんが建てた建物を利用する人たち、見ることのないお客様を笑顔にすることも忘れてはいけません。

決して天才揃いではなくとも、当社にはお客様のために今できる最高の仕事をするという情熱を持った誇り高い社員がたくさんいます。この社員たちと日本一、世界一の販売会社を目指し、必ずや目標を達成したい。心を入れて仕事をすれば、必ず社会から生かされる。心を入れて作られた本物の道具を販売することが私たちの本分であり、それを通じて世界一の道具屋に向かうことで、天から永続を授かることになっていくのでしょう。

今ここで頑張らずにいつ頑張る

グリンリーフ㈱　代表取締役　澤浦彰治《さわうらしょうじ》

私は高校時代（群馬県立利根農林高等学校）、ウェイトリフティング競技でインターハイでのメダルを目指し、日々練習に没頭していた。一方では家業の農業を継ぐために、農業に必要な作物生理や農業経営、農業機械工学なども真剣に学び、文武両道で日夜励んでいた。二年生のインターハイが終わり、翌年のインターハイに向けて練習をしていた頃、たびたびのけがに悩まされた。これではダメだと練習すればするほど記録は伸びなくなり、さらに主将という役割の壁にも突き当たり、心も体もスランプに陥っていた。

そのとき、修学旅行で訪れた京都・大仙院で目に飛び込んできたのが、「今ここで頑張らずにいつ頑張る」の一言だった。力強い文字と言葉は尾関宗園和尚が揮毫《きごう》したもので、心に突き刺さった瞬間、私はハッと目覚めた。負のスパイラルに陥り、闇のなかを堂々巡りしていた心を断ち切るように「そうだ！　未来を憂えても過去を悔やんでも、今しかないんだ」と、当たり前のことに気づかされたのだ。それからは「今」やれる練習、「今」しかできない練習は何かと、できないことを嘆かず、今できることに集中した結果、インターハイではメダルには届かずも四位、同年の国体でも個人六位、団体で二位に入ることができ、努力の甲斐もあり、学業もそれなりの成績で卒業することができた。

私は現在、五つの農業法人を経営し、新規就農者の独立支援をしながら全国各地に仲間と農場を作り、農業生産を基本として野菜の販売、それらを原料にした有機蒟蒻《こんにゃく》、漬物、冷凍野菜、ミールキットなどの食品加工まで行い、直近の年商が五〇億円を超える規模にまで成長することができた。平成元年当時、年商二〇〇〇万円の農家だったときは今の姿を想像できなかったが、お客様、社員さん、業者様、全国の仲間など、多くの人の支えがあって今日に至ったことに感謝の念が湧いてくる。本当に私は人に恵まれているのだ。

多くの人からの恩をいただいたことに加え、人生を振り返ってみると、修学旅行で出合った言葉、そして、日々の行動と練習内容と努力、その成果を測る勝負がすべて重量という数字で決まり、そのことに何の言い訳もできないウェイトリフティングという競技に取り組んでいたことが、私の人生と経営の大きな支えになっていることは間違いない。

これからも農業を通じて世の中のために自分のできることを広げ、それぞれに一所懸命に取り組み、少しでも世の中の役に立てるような農業をしていきたいと思っている。

悔いのない人材育成を基本に

㈱建設ドットウェブ　代表取締役　三國《みくに》浩明《ひろあき》

中小零細企業と優良企業との大きな違いは「従業員の能力の差」であり、私は、創業以降もしばらくは中小零細ではそのギャップを埋めることが難しいと感じていました。

私は現パナソニックの販売会社にコンピュータ営業一期生として運よく採用され、十三年間勤務した後、ソフトウェア開発・販売会社に入社、営業責任者として九年間働きました。こうした日々のなかでパナソニックなど上場企業の多くの社員との出会いで感じたのは、強いギャップでした。仕事の進め方や姿勢、プライベートも楽しむ余裕など、私自身が勤務する会社の同僚・先輩・上司などと比べると、その差は明らかでした。

その後、二〇〇一年に建設業原価管理ソフトウェア開発会社を創業しましたが、ITバブル崩壊、リーマン・ショックなど経済環境も最悪、厳しい経営状況が数年続き、一〇名程度の社員を守るために休みも返上、今では考えられないブラックな働き方を社員にも求め、「零細企業は能力の差を時間でカバー！」と頑張り、何とか二〇一一年頃には新卒者を採用できるまでになりました。

そして、新入社員を迎えるにあたり、幹部と一緒に「研修プログラムを三カ月間、一年間、どちらにするか？」と議論したところ、「わが社独自の悔いのない一年間の研修プログラムで強い専門会社にしていきましょう」と意見が一致し、知恵を出し合い、営業・開発・サポート・総務の各分野で私や社員が講師を担当し、一年間の研修をやり切りました。結果として既存社員、新卒社員全員の人間力・スキル・モチベーションが上がり、これを毎年続けることで生産性や待遇面も向上していくターニングポイントとなりました。今では、競合他社が真似できない専門会社としての研修プログラムになっています。

わが社のお取引先のほとんどは上場企業ですが、今では以前のような能力的なギャップを感じることはなくなりました。それだけでなく、建設業原価管理ソフトウェア専門会社として、信頼や期待をいただける企業にまで成長できたと自負しています。

考えてみれば、パナソニックも零細企業からスタートし、丁寧に人を育てることで会社も人も成長してきた歴史があります。同じように人財育成に注力していけば、運が良ければ、上場企業など素晴らしい企業になっていくチャンスが訪れるでしょう。今後もさらに成長するため、「悔いのない人材育成を基本に」を大切に経営を続けてまいります。

偉大な師匠たちからの学びを胸に

医療法人社団幸祥会　理事長　大《お》津《お》嘉《つ》章《よしあき》

私には五人の「師」がいる。パナソニック創業者である松下幸之助さん、日本で初めてペインクリニックを導入された医師の若杉文吉先生、元総理大臣の田中角栄さん、現代の名工・中村外二《そとじ》さんの跡を継がれた中村義明さん、全国規模のメガネ専門店「和真眼鏡」創業者の根岸亨さんである。残念ながら幸之助さん、角栄さんとはお会いしていないが、若杉先生、根岸亨さん、中村義明さんからは直接教えをいただき、大きな影響を受けた。

私は医師として整形外科医院を経営しているが、実家は父が経営する電器店、ナショナルショップである。店は叔父が継いだものの、私自身もともと「電器店の息子」であり、幸之助さんは子どもの頃から身近な存在だった。幸之助さんには、国家も会社も家庭もすべて「経営」であるという考え方がある。医学生時代から開業志向が強かった私は、この「経営」の重要性を常々感じていた。そのため、医院を運営する上でしっかりと利益を出していくことが必要不可欠だと考えている。医療の世界では、ともすれば「きれいごと」を口にしてしまいがちだが、そもそも経営が黒字で成り立っていなければ、患者さんに充実した医療を提供し続けることも、スタッフへの十分な待遇を維持し続けることも不可能だ。その意味で、私は幸之助さんのように医院を経営したいと強く願っている。

若杉文吉先生は、総理大臣時代に顔面神経麻痺《まひ》を患った田中角栄さんを治療した名医として知られている。私は大学病院に勤務した頃、若杉先生のもとに毎週通い、「星状神経節ブロック療法」という高度な技術を学んだ。それだけでなく、患者さんをどのように診ればいいのか、どうすれば患者さんに喜ばれ、治療に満足していただけるのか等について、先生の姿を間近に見ながら教わることができた。これは私の大きな財産となっている。

田中角栄さんからは、「日本列島改造論」に象徴される「豊かな発想力」を学んだ。中村義明さんが棟梁を務めた中村外二工務店は、世界から高く評価されており、大いに感化された。和真眼鏡の根岸亨さんからは、事業経営に関して「時代の流れが分母にあり、親切丁寧が分子にある」と教わった。私が整形外科を選んだのも、高齢社会に突き進む「時代の流れ」を捉え、高齢者に「親切丁寧な治療」を提供するためだ。

幸祥会の理念にある「日に新た」「自主責任経営」「共存共栄」などの文言は、幸之助さんの思想そのもの。五人の師から得た学びを信条とし、今後も地域医療に尽くしたい。

社員への懺悔

向陽信和㈱　代表取締役　古《ふる》澤《さわ》一《かず》晃《てる》

経営の何たるかを微塵も考えず、二十九歳で創業し、二十七年が経ちました。その間、良きご縁に恵まれ、曲がりなりにも一人の経営者として育てていただきました。そして五十歳半ばを過ぎた今、私の未熟さゆえに袂《たもと》を分かった社員に対して、懺悔《ざんげ》の想いが込み上げるようになってきました。

若い頃は自分の意地やプライドを絶対の正義と決めつけ、社員に対して我意に即するか即さないかの判断を迫り、大切な社員を失いました。顧客への責任や企業としての社会的責任など、私にも私なりの譲れない正義はありましたが、今から考えてみれば、それほどまでにムキになることではなかったと、思い起こすたびに自分の愚かさを反省します。

社員が長年勤めた会社を辞める決意を持つには、大変な葛藤が伴うことは明白です。しかし、当時の私はそこまでの想いが至りませんでした。袂を分かった社員一人ひとりが深く思い悩んだであろうと考えると、取り返しのつかないことをしてしまったと今さらながら申し訳なさがあふれてきます。

できることならば、あの頃に戻り、もっと自分の気持ちを抑えることができていたら、もっと経営者として成長できていたら、何よりもっと人として成長できていたら、社員につらい思いをさせることはなかったでしょう。著名な経営学者である坂本光司先生は、良い経営の第一義として「社員とその家族を幸せにすること」と定義づけられています。これに照らせば、私は明らかに経営者として過ちを犯しました。

創業経営者は、ひとかどの経営者となってから経営を始めるわけではありません。若くして経営者となれば、人生経験が浅く、人としても未成熟な面があり、必ず過ちを犯します。その過ちの最たるものが、経営者の立場を利用して我欲を満たし、社員を蔑《ないがし》ろにすること。自分に従わせたいという我欲を満たし、社員を蔑ろにしていたのが私です。

それにようやく気づいたのは、経営学ではなく人間学を学び、自分自身の有り様を見つめるようになってからです。日本では仏教本や論語をはじめとする儒教本など、人間学の教材となる書物が多数手に入ります。社員が生き生きと働ける会社を標榜するのなら、ぜひ手に取って学んでいただきたく思います。われわれ経営者は、経営者である前に、一人の人間です。良き人でなくして良き経営者となれるはずなど、ないのですから。

「基本的な考え方」を大切に

㈱ゴートップ　代表取締役社長
青山《あおやま》光洋《みつひろ》

　私は関西の大手電機メーカーに入社し、情報システム部門に配属されました。三年ほどで仕事にも慣れ、一定範囲の業務を任されるようになり、自信も生まれました。四年目で異動になり、新たな仕事にも自信を持って取り組んでいました。

　ある日、システム設計のレビューを上司に依頼し、設計内容を説明し始めたところ、「どうしてそこでそんな処理をするの?」と投げかけられました。設計内容には自信がありましたが、突然かつ素朴な質問に、すっと答えられません。心の中では「こういう場合はこうするのが当たり前やん。なんでこんなこともわからんのかな」と、少し驚きといら立ちを覚えました。どうにかその質問をクリアし、次の説明に入ると、またもや「なんでそんな設計にしたの?」。この繰り返しが続き、私は嫌気がさしたわけです。

　レビュー後、上司はなぜ同じような質問を繰り返したのかを教えてくれました。

設計では、各ステップの処理方法は一つとは限らない。したがって、「処理効率を重視する」「プログラムの複雑さを回避する」など、どのような「考え方」を持って設計したのかを明確にしなければならない、ということでした。

それまでの私は、自分なりに検討を行い、定石も踏まえて設計していましたが、それら設計の常識を当たり前のものと勘違いし、深く、多面的に考えないままに設計していたわけです。明確な「考え方」を持たない設計をしてしまうと、他の方が設計内容を見たときに理解できなかったり、疑問を抱かれ、信用されなかったりすることが起こります。これはシステム設計に限らず、あらゆる企画において重要なことです。企画に基づいて多くの人に動いてもらうわけですから、企画の背景にある思いやスタンス、すなわち「基本的な考え方」を皆にわかってもらわなければ、企画した通りに実現できなくなります。

以来、何かを企画する際は背景や課題を整理し、「基本的な考え方」を明記した上で具体的な施策を検討するようになりました。社長業を十年以上続けている今も、事を起こす際、物事を判断する際は「基本的な考え方」を明確にすることを信条としています。

こうすることで、多くの関係者の意見を引き出すこともでき、企画の充実も図ることができるのです。皆の意見を取り入れ、皆で目標達成に向け取り組むことができますから、「衆知を集めた全員経営」を実践するための要にもなると考えています。

経営理念と社員の幸せ

㈱こんの　社員の幸せ向上担当&代表取締役　紺野《こんの》道昭《みちあき》

弊社の経営理念は「お客様、社員の物心両面の豊かさを追求しつつ、地球環境を最優先に考え行動する」です。これは私一人で決めたわけではありません。

私が入社した一九九一年頃はガラの悪い社員が多く、無断欠勤や遅刻早退は日常茶飯事でした。気に入らないことがあれば、重機で会社に突撃して暴れるような者もいました。そのようななかで二〇〇〇年、社長に就任した私は、日々必死にもがきながら会社を良くするための方法を探しました。そしてたどり着いたのが「私の想いを経営理念に乗せて、社員に理念を浸透させる」ことでした。

経営理念は「さあ、これが新しい理念だ。明日からこれでいこう」と社員に伝えても、社員への押しつけになってしまいます。社員からすれば理念というものはなかなか理解しがたく、遠い存在でもあり、急に押しつけられても拒否反応を起こしてしまいがちです。

私は、会社の経営は経営者も含め社員も一緒になって考えるものだと捉えています。同じく、経営理念も社員と一緒につくったほうが社員も自分事として捉えやすいと考え、幹部社員とともに経営理念の作成と理解を深めるための合宿を開催しました。ところが、理念をつくる合宿だったはずが、会社に対しての不満や要望が社員から噴出する場となってしまったのです。社員に詰め寄られ、苦し紛れに発した言葉は「社員は宝」です。そこから社員と腹を割った対話を積み重ね、無事に現在の経営理念が完成しました。

経営理念完成後も、私の心には「社員は宝」という言葉がずっと残っていました。「宝」である社員を喜ばせるにはどうするか、喜びとは何なのかを自問自答し続け、「喜び」＝「幸せ」ではないかという思いに至ったのです。働く幸せ。家族といる幸せ。大過なく普通に過ごせる幸せ。社員が幸せであればこそ仕事のパフォーマンスが上がり、会社も業績も良くなるはずです。

社長という立場は決断の連続ですが、「経営理念」と「社員が幸せになるにはどうすればよいか」を信条に考えれば、自然とより良い答えが導き出されるものです。

経営理念は時代とともに変化していくもので、今後も社員と一緒に考えてバージョンアップすることもあると思いますが、「社員の幸せ」は不変のものです。私の役職【社員の幸せ向上担当】にふさわしい経営者を目指して、今後も力強く歩んでいきます。

社会の一隅を照らす

サインポスト㈱　代表取締役社長　蒲原《かんばら》　寧《やすし》

何かを始めるとき、悩んだとき、振り返るとき、私はこの言葉を大切にしています。スポーツ、芸術、もの作り、経営など、さまざまな分野において卓越した実績を残された一流の方々は、多くの人々に感動を与え、多くの人々の模範となり、あるいは歴史に名を残され、社会全体を照らしています。しかし、私のような凡人は、一人では到底そのようなことはできる気がしない。しかし、社会の一隅であれば、仲間と共に力を合わせ、地道に努力を重ねることで実現できると信じています。そして、同じ考えを持って社会の一隅を照らす方々が多く現れれば、結果として社会に広く良い影響を与えることができると考えています。

私は大学を卒業後、銀行に入行し、社会人生活を過ごしていました。それなりに会社にも認められ、もしかすると周りから見れば順風満帆な人生に映っていたかもしれません。

そして四十歳の頃、天命が下り、生かされている残りの人生を「孫の代まで豊かな社会を創る一翼を担う」ことに定め、その手段として会社を起業し、世の中にない新たな付加価値を創出することで豊かな社会を創る一翼を担おうと決心しました。当然、会社経営の経験はなく、資金もわずかな退職金と貯えしかなく、家族も食べさせなくてはならない。このときも、私を後押ししてくれた言葉が「社会の一隅を照らす」でした。そして、理念だけで会社を興し、世の中に新たな価値を創出する事業を通じ、お客様に喜んでいただけたことで今に至っています。

小さな頃に大病をし、小学校一年から四年まで入院していました。勉学も遅れ、運動も禁止されていました。当時はまだ十分に解明されていない病気だったので、中学三年まで激しい運動は禁止され、高校生になってようやくそれを許されました。当然、泳ぐこともできず、競争も一番遅く、周りの友達は皆運動に長けていて、ずいぶんとうらやましく思うと同時に、私は何もできない人間であると感じていました。

そんなとき、この言葉に出合い、大きなことはできなくても小さなことならできるかもしれないと思えるようになり、以来、この言葉を信条に人生を歩んできました。今も新たな事業の検討や会社の仕組み作りなど、「会社経営を通じて社会の一隅を照らすことができるのか？　照らせているのか？」と考え、振り返るようにしています。

五方良し経営の実践

㈱さくら住宅　相談役　二宮《にのみや》生憲《たかのり》

「五方良し経営」を掲げるようになったきっかけは、経営学者の坂本光司先生が説かれている良い国をつくるための企業のあり方というお話の中で、経営の最大の目的は、

⑴社員とその家族
⑵取引先とその家族
⑶顧客
⑷地域住民
⑸株主

この順番が大事であり、「このとおりに実行することが五者の幸せを実現することだ」という言葉に出合ったからです。

それまで、私が自分の肌感覚で良かれと思って行ってきた経営のやり方は、近江商人の

「三方よし」では言い表せない部分がありました。「五方良し経営」との出合いにより、私の経営目標が言語化されて明確になり、それまで自分が求めていたのは、まさに「五方」の人々の幸せを追求する経営だと気づいたのです。創業の年を除き、二五期連続黒字を達成できたのも、この考え方を基本に置いて取り組んできたからだと納得しました。

また、「五方良し経営」の下、思いを共有する会社を増やすべく、二〇一〇年に社団法人全国リフォーム合同会議を創設しました。互いに切磋琢磨し、経営だけでなく人間的な成長も促す場としたことで、入会後数年で参加企業の経営は大きく成長していきました。

どれほど時代が変化しようと、大変な事態があろうと、人として何を大切にしなければならないかを基本に置いて「五方良し経営」を実践し続けることで、会社は間違いなく成長する。参加企業の成長を目の当たりにするたび、私は大きな手ごたえを感じました。

ただ、「五方良し経営」を実践することは簡単ではありません。私自身も一〇〇%完璧に実践できたとは思っていませんが、後継役員をはじめ、社員にもその大切さを日々伝え続けてきたつもりですし、これからもその実現に邁進してほしいと願っています。

私は昨年、相談役に就任しましたが、新しく経営を担っていく人たちには、常に「五方良し」を意識することで、私の時代をはるかに超えるような新時代の「社会のお役に立てる会社」となり、末永く社会に貢献してほしいと思っています。

経営理念「人の心に貯金する」を実践して

㈱サンコー　代表取締役社長　角谷太基《かくたにふとき》

私どもの会社には、「利他」という言葉にも似た「人の心に貯金する」という経営理念があります。先代の父が会社を創業して以来、全従業員がこれを軸にして、判断し、そして行動する大切な言葉です。

この言葉はもともと、太平洋戦争で祖父を亡くした祖母が、父をはじめ四人の幼子を貧乏をしながらも育てあげた際にしつけてきた言葉です。父は二十八歳の時、母親を楽にさせたいという一心で独立創業した際、この言葉を当社の経営理念としました。

私自身、そんな父を小さな頃から尊敬し、父の会社に入社しましたが、当時、大善《だいぜん》の姿勢で社員さんに厳しく接していた父を良くは思わず、反発ばかりしていました。そんな私に転機が訪れたのは四十歳の時です。当時社長であった父は、体調を崩したのをきっかけに、突然社長を交代すると宣言したのです。ナンバー2であった私は、それまで父に対して反発しているばかりで、経営についての実践は何もできておらず、父の宣言を受けて心身の不調に陥ってしまいました。そのとき、父は社長交代を五年延ばすと言ってくれましたが、そのありがたさと自分のふがいなさで涙があふれ、止まりませんでした。

そんな時に出合ったのが、京セラ創業者・稲盛和夫氏が主催する中小企業経営者のための勉強会「盛和塾」でした。藁にもすがる気持ちで入塾させていただきました。最初に参加した例会では、経営のテクニックやハウトゥーではなく、経営という範疇《はんちゅう》すら超えて、人生にとって大切な考え方を説かれる稲盛塾長のお話に、私は生まれて初めて魂を揺さぶらされる感覚を持ちました。そして、塾長の説かれる「利他」という言葉を聞いたとき、幼少の頃に祖母から教えてもらった「人の心に貯金する」という言葉が頭に浮かんできたのです。講話が進むにつれて、人としての正しい考え方を説く塾長の言霊《ことだま》が自分の体の深くまで染み込んでいったことを今でもよく覚えています。

この事実を素直に受け止めることができた私は、以降、父の大善の厳しさにも愛を感じるようになりました。やがて父との関係性も良くなり、晴れて社長を交代。今では社員さんと共に日々、経営理念「人の心に貯金する」を愚直に実践し続けています。

素晴らしい言葉や人との出会いを経て、人財も育ち、地域と共に発展する会社へと変わりつつあることを実感し、経営できるようになったことに大変感謝しています。

経営の羅針盤としての決算書

㈱サンコウ・トータル・サービス　代表取締役社長　玉榮信子《たまえのぶこ》

会社を創業し経営していくなかで困難に遭遇したとき、何を指針に、どう乗り越えてきたのか。私が常に意識してきたことは、毎年の「決算書」です。毎年の決算書は、経営者がその年、経営にどう取り組んできたかの結果であり、「通知表」でもあります。

毎年、さまざまな要因により経営環境は目まぐるしく変化しています。私が経験してきたなかでも、バブル崩壊、リーマン・ショック、コロナ・ショック、少子高齢化による労働市場の減退、そして現時点ではウクライナ危機による地政学リスクも加わります。

このように変化する市場において、会社としてリスクをいかに早く予見し、上手にかわすかは、経営者の大きな仕事です。また、リスクだけに限らず、稀《まれ》にあるチャンスを見逃さないでつかみ、経営に反映していくことも経営者の大事な仕事です。

私たちは生まれる国も地域も性別も選べません。しかし、会社の経営は自分の意志で舵を切ることができます。毎年の決算書は、経営者にとっての羅針盤であり、大きな道標となります。そのなかに記されている小さな変化に気づき、今後の対策を立て、経営にどう取り組んでいけばいいのか、決算書はそれを教えてくれます。

また、「ずるいことをしない」「正々堂々と真正面で戦う」ことも大切にしています。自分だけ得をすればよいという考えでは、長期的な経営は難しいと考え、お客様に喜んでいただくという利他の心で物事に取り組むことを念頭に置いています。

人は学校で学ぶ時間よりも社会に出て働く時間のほうが圧倒的に長く、学生時代のように、教え導いてくれる教師はいません。困難な局面に立ったとき、それをどう乗り越えていけばいいのかを誰も教えてくれません。経営者としての修行もしていないなかで、自分自身で学び、自分自身に力をつけていくことは、とても重要なことだと思います。

人間は自然のものであり、人間が営む会社組織もまた自然なもの。そのため、美しい心を持って正しく経営していけば、自然と会社は発展していくのではないかと考えます。うまくいかないときは、どこかに考え方のずれがあり、それをいち早く見つけて修正しながらコツコツと前に進んでいくことで、自ずと結果はついてくるのではないでしょうか。

これからも数字に魂を込めて、結果としての美しい決算書を目指して経営にあたっていきたいと思っております。

一生、社員と家族を守る

三興塗料㈱　代表取締役　清水《しみず》雄一郎《ゆういちろう》

弊社は一九六六年、私の両親が東京都板橋区で創業しました。一都三県を商圏とし、建築塗料・塗装用具の卸売業を営んでいます。二〇一五年に私が二代目として就任、翌年には創業五十周年を迎えました。二〇二〇年には第一〇回「日本でいちばん大切にしたい会社」大賞・審査委員会特別賞を受賞した、「人を大切にする経営」を実践している会社です。「日本でいちばん大切にしたい会社」大賞にて弊社が評価された理由は、「五方良し」の経営が実践されていることです。五方とは、社員・仕入れ先・お客様・地域社会・株主のことで、この並びが大切にする順番になっています。

社員を大切にする方法として、一人ひとりと向き合う時間を設けています。一対一、あるいはグループで、五～十分の短い時間でも社員と話す時間を頻繁に作っています。ここでは経営計画書に沿って会社の考えを伝えたり、社員の困りごとや会社を良くするためのアイディアをヒアリングします。経営陣になると現場との距離が生まれてしまいます。そのため、現場を知る社員からのヒアリングを大切にしています。そうすることで、経営幹部と社員との信頼関係が生まれ、「人を大切にする経営」が実践されていきます。

どうして私が「人＝社員とその家族を一番大切にする」という理念に導かれたのかと言えば、二人の恩師の影響があります。一人目はゼミの担当教授であった明治大学商学部の出見世《でみせ》信之教授です。ゼミでは「企業倫理」「企業統治」を中心に、CSRの重要性を学びました。これらは弊社のSDGs、CSRの取り組みに強く活かされています。

二人目は、税理士法人古田土会計の古田土《こたど》満所長です。企業の目的は「働いてくれている人を幸せにすること、そして会社を取り巻く全ての人々を幸せにして社会に貢献すること」であると教えていただいたことで、私は社長に就任する際、経営理念に「一生、社員と家族を守る」との言葉を掲げ、一緒に働く社員とその家族を一番大切にする経営をすると決意しました。今の私があるのは、二人の恩師のおかげです。心から感謝しています。

「一生、社員と家族を守る」を信条として行動すれば、社員に安心感を与え、信頼関係が築かれます。そして、安心と信頼があるからこそ、社員は会社・地域へ報いるようになるのではないかと思います。これからも「社員＝人の成長が会社の成長につながる」と信じて、「社員の働きがい・幸せ」を追求していくことが私の役目だと考えています。

命と関わり、「敬天愛人」の言葉に思う

㈱さんびる　代表取締役　田中正彦《たなかまさひこ》

私は一九五八年一月、貧しい漁師の家に次男として生まれました。当時の漁師町の生活は厳しく、兄は幼くして亡くなり、私は長男として育ててもらいました。五歳のとき、心肺停止の災難が降りかかりました。十七歳、二十歳のときも命との不思議な駆け引きに遭遇し、「命」、そして「生きる」ことに強烈な思いを持つようになりました。

縁があり、さんびるという会社の経営者となってからは、仕事に対する、あるいは人生に対する思いを形にして、日々積み上げています。命は自分のものではなく、大自然から与えられたものと強く感じ、「生かされている」との思いを持って、「感謝」を形にする経営を実践してきました。

高校時代、坂本龍馬に惹《ひ》かれ、幕末から明治の激動期を生きたヒーローを学ぶようになりました。現在は西郷吉之助の「敬天愛人」を信条とし、日々社員に伝え、自らの実践道

として意識しています。「天を敬い人を愛する」との意訳が知られていますが、私は「天が私たち人に与えし無限の愛、命にどう向き合い、どう受け止め、命を輝かせられるか」、これが「天を敬い」の真意と捉えています。そして、大いなる天の恵みを受けた自らが実践者となり、ご縁のあるすべての人を天の思いを持って愛すると読み解いています。

人生は言うまでもなく、経営もまた、欲や損得勘定といった利己的な思いで臨んではならないと思っています。善と悪の判断を大きな土台としながら、自らと関わるお客様をはじめとする人々、地域との関わり、それらへのご恩返しの貢献を一つにした「三方良し」の経営道を柱に、経営をなさねばならないと思っています。

振り返れば、バブルが崩壊したとき、弊社およびグループの大きな危機をどうにか乗り切れたのは、新規のお客様をすべて止め、目の前のお客様に最大かつ最高のサービス品質を提供しようと、全社員が一丸となり、自らの仕事や人生に対する考え方を根底から作り変えたからだと考えています。大きな転機であり、今でも忘れることができません。

「良い会社とは？」「会社は何のため、誰のために存在するのか？」。それらを自らの経営道を見つめ直す問いかけとし、ご縁を通じて得られた経験、先人から学ばせていただいたこと、そして一日一日生かされたこの命を、関わるすべての方々へのご恩奉仕に捧げる「幸せ配達人」であり続けたいと思っています。

不可能を可能にする男

三宝電機㈱　代表取締役社長　嘉納《かのう》秀憲《ひでのり》

「顔が赤いぞ！」というヤジを受けながら、私はスピーチのため壇上に立っていた。「みなさん、こんにちは。不可能を可能にする男、嘉納です」。顔を真っ赤にしながら嘯《うそぶ》く私に、再度笑い声とヤジが飛ぶ。元来赤面症であった私は、人前で話すことはしたくなかったのだが、会社を創業しバリバリの経営者であった父方の祖父、元軍人で国営企業の局長まで勤め上げた母方の祖父の二人から「頼まれたことは喜んで引き受けるべき」と叩き込まれ、学生時代から機会があれば苦手ながらも人前に立っていた。

当初はなかなか治らなかった赤面症も次第に影を潜め、いつしか嘉納のスピーチはなかなか面白いと言われるようになった。「頼まれたことは喜んで引き受けるべき」というのはスピーチだけでなく、執筆や会食のお誘いなどもあったが、お断りをしたことは数える程度ではなかろうか。もちろん、失敗も幾度となくあったが、引き受けて後悔したことは一度もなく、そこで得た経験と人脈が今の自分を作ったと考えている。

大学を卒業後、米国でＭＢＡを取得し、入社した会社でも仕事を断らないスタイルからさまざまな仕事を振ってもらい、間もなく社長補佐として経営企画や営業戦略を担当することになり、そこでも実績を積んだ。三十歳を迎える頃に父親から声がかかり、前職の成果を手土産に意気揚々と当社に入社した。すでに仕事への手応えを感じていた私は、業種が変わっても仕事は戦略や戦術、そして進め方が正しければうまくいくと信じていた。

ところが現実は厳しかった。社員の共感がまったく得られない。現場も現実も無理解な私に同調する人はいなかった。そこで初めて現場に目を向け、現場のために何が最も重要なのかを模索した。現場では、施工担当者がリスクをすべて負うというプレッシャーに苛《さいな》まれていた。私は「施工リスクは早めに会社に共有してもらうことで個人からトップの責任にすることができます。その結果無事工事が完了したら、それはすべて社員皆さんの成果。『手柄は社員、責任はトップ』です」と伝え、ようやく共感を得られたように思う。

「不可能を可能にする男、嘉納です」。それは、こいつは面白い奴だと思われるためのつかみであり、トップとしてすべての責任をとるという自分へのプレッシャーでもあり、自分を奮い立たせるためのパワーフレーズでもある。

仕事の報酬は何ですか？

滋賀ダイハツ販売㈱　代表取締役会長　後《ご》藤《とう》敬《けい》一《いち》

皆さんは「仕事の報酬は何でしょうか？」とたずねられたら、どのように答えるでしょうか。

ほとんどの方が「お金」「給料」と答えると思います。表面的にはそれで合っていると言えますが、もっと深く掘り下げていくと、それ以外の答えがあります。

それは、「次の仕事」です。

お客様に対して行った自分の仕事が、お客様に認められて、喜ばれて、感謝されたら、「良い仕事をしてくれたなあ」「今まで調子悪くて不安やったけれど、これで安心して使えるわ」と、お褒めの言葉がいただけます。

そのあと、「次もあんたに頼むわ」「知り合いを紹介するわ」と言っていただけます。つまり、リピーター、紹介者になっていただけるのです。

真にお客様にお役立ちできる良い仕事を行ったならば、その報酬はお金だけではなく、もっと大きな価値のある「次の仕事」がもらえるのです。

一人のお客様が、一度きりのお客様ではなく、生涯のお客様になってくださる。また、お客様の紹介によって、新しいご縁がその先にいる家族、知人に広がっていく。それは、仕事を行っていく上で最高の報酬、喜びではないでしょうか。

「お客様も喜び、自分も喜ぶ」「人の喜び、わが喜び」になる仕事を精一杯、やりきりましょう。

「仕事の報酬は仕事」が本当の答えです。

この報酬がもらえるように、目の前のお客様の仕事に取り組みましょう。

関わる人を幸せにする経営

四国管財㈱　取締役会長　中澤《なかざわ》清一《せいいち》

私は関わる人を幸せにする経営を目指しています。そのための十カ条は「一、取りあえず行動する」「二、クレームは宝の山」「三、整合性のある言動」「四、感謝を忘れない」「五、組織は社長の身の丈しか成長しない」「六、聴く力を向上させる」「七、関わる人を選ぶ」「八、価値観の共有」「九、健康管理」「十、夢は諦めなければ必ず実現する」です。

四国管財で働いていた頃、ある病院の新任事務長さんから呼び出しを受けました。「お前の会社は何をやっているんだ！」。すごい剣幕です。この日から一カ月間、一日に何度も呼び出され、お叱りを受け続けました。ここまで本音で叱ってくれるお客様はなかなかいません。叱ってくれて有り難いと思いました。指摘されたことをすべて改善していけば、必ず会社はよくなると思い、クレームに対して誠実に向き合い続けました。

一カ月が過ぎた頃から呼び出されなくなりました。今度は私が足を運び、「今日は何かありませんか?」と様子をうかがうようにしました。すると、気づいたことを話してくださったり、「これどう思う?」と意見を求められたりするようになりました。私はその方の机の隣に椅子を置き、毎日、話をうかがいました。やがて、「お宅は警備の仕事もできるかい?」「駐車場もやってみるかい?」と言ってくださるようになりました。その事務長さんは事情があって三カ月後に病院を辞められましたが、そのときには当社の売上は三倍になっていました。この経験から「クレームは宝の山である」ことを確信したのです。

しかし、クレームを増やすためには、クレームが上がってきやすい組織風土にすることが不可欠です。私は、いい会社にするために、クレーム対応とともに「報告・連絡・相談」を極めることに注力してきました。

今、私は会長職の一方で、ホテルの経営を担っています。常日頃、社員さんに言っていることは「夢を持とう」です。社員さんが働く理由はお金を得るためですが、それは充実した人生のためであり、そのためには目標、つまり夢が必要です。仕事は自分の夢を叶えるための手段にすぎません。会社のためではなく、自分の夢のために働いてほしいと思っています。夢は諦めなければ必ず実現します。社員さんの夢を、仕事を通じてサポートするのが会社の役目です。優先すべきは会社の事情ではなく、その人の人生です。

輝く社員さんの姿は、巡り巡ってお客様の感動を呼び、顧客満足も高まります。

心

社会福祉法人実誠会　理事長　仲田《なかた》　実《みのる》

高校入学後に結核を患い、休学を経て復学するも、九人兄弟で裕福ではなかったためにやむなく退学し、ラジオを組み立てて自転車に積んで販売することを生業としたのが、すべての始まりだったように思います。当時、松下電器代理店の社長さんに面倒を見ていただきましたが、あるとき、お子さんが重度の障害を持っていることを知りました。「この子を置いては死ねない」。この一言が私の心の奥底に潜み続けることとなりました。

その後、商売が軌道に乗り、念願の電器店を立ち上げ、ナショナルショップ店に加盟した際には、宇都宮での松下電器創業五十周年ナショナル店会謝恩会の席で松下幸之助氏の講演を拝聴する機会を得ました。このことは以後の人生に大きく影響し、その肉声から発せられた数々の言葉は、困難に直面するたびに光明を見いだすための道標となりました。

起業から五十年が過ぎ、人生の集大成として二〇〇一年に社会福祉法人実誠会を立ち上げ、翌年、障害者支援施設「なるみ園」を開設しました。心の奥底にあった思いを実現したものの、福祉経験のない私は試行錯誤の末、「農業を中心とした障害者支援」にたどり着きました。お手本は栃木県足利市の「こころみ学園」。同園の「働くことは物をつくるだけではなく、人の心をもつくる」との言葉に共感し、職員研修に何度も足を運び、当時の川田昇園長からたくさんの学びを得、激励の言葉をいただきました。また、農業を就労支援と位置づける際には、川崎にある日本理化学工業の取り組みをお手本とし、当時の大山泰弘会長が唱える「働く幸せ」の考え方に心を強く揺さぶられたことを覚えています。

こうした数々の出会いや障害者とのふれあいから、福祉では支援者の「心が大事」であると強く感じ、八年ほど前に『松下幸之助からの手紙―大切な人たちへ―』（PHP研究所）を自費で購入して全職員に配布、月一回の全体会議で読み合わせを始めました。

多くの職員が、声に出して読むことに戸惑いを感じていたようですが、毎月行ううちに読み方も上達し、記されている内容だけでなく、文字の奥に秘められたメッセージをそれぞれが考え、受け止めるようになりました。子育てにも参考にしているそうです。

齢九十を目前に、若い職員とともに人間学を学ぶのは大変有意義なことです。今ここに至っているのも、さまざまな局面でお手本となる先達があればこそ、そして実際にお会いできたことでより強く心に残っております。これは本では得られない体験でありました。

短期的悲観と長期的楽観の並立

㈱ジャスメック　誉田進学塾グループ　代表　清水《しみず》　貫《かん》

何かに挑戦するとしよう。失敗を防ぐためには、直面する現実を厳しく直視しなければならない。楽観主義は禁物だ。だが、それだけではリスクを避けようという気持ちが行動を強く抑制する力となってしまう。躊躇《ちゅうちょ》して動けなくなりがちだ。悲観主義によるブレーキを外し、新しく行動を起こすには、最後は必ず成功するという強い信念を持つことが必要だ。これには、根拠はあまり重要ではない。楽観主義でよい。

挑戦を成功に導くカギは、この相反する悲観と楽観の並立である。ただし、それはバランスをとることではない。中途半端な共存は、中庸ではなく凡庸な結果を導く。その感覚を表現することは難しいが、両者がより両極端として並立することが大切だ。

これまで数多くの受験生たちを指導してきた。成果を上げるには、勉強している本人が自分の目の前の現状を厳しく評価し、どんな条件下でも力を発揮できるように勉強することによって、自分自身を鍛え、事前準備をすることが必要条件だ。それに加えて、必ず目標を達成できると信じる強い心を持つことが、挑戦する気持ちを維持し続ける十分条件となる。

これは仕事の世界でも成り立つことであろう。さらに、経営者として社員たちが成長できる環境を整える立場となった現在も、まったく同様だと考えている。『ビジョナリー・カンパニー2』(日経BP)でも、「ストックデールの逆説」の名で同じ例が紹介されている。ベトナム戦争の際に厳しい捕虜生活を生き延びて帰国したのちに成功した人と、その前に力尽きた人たちとの違いはどこにあったのかについての考察だ。

私は若き日、悲観的な思考に強く支配されて行動できない日々を味わい、遠回りした。たまたま今の仕事に集中することで、前向きに未来を捉えて行動できるように変わった。もし、何かに挑戦しようとしながら不安で躊躇している人がいるなら、結果を恐れすぎてはいけない。結果は、初めから決まっているものではなく、自分の行動によって変えることが可能なものだ。未来は誰にもわからない。不安は結果がわからないから生じるが、わからないからこそ楽しいのだ。

未知の未来への挑戦は、ドキドキするからワクワクするのだ。短期的悲観で準備し、長期的楽観でことに臨もう。

恩を忘れず自ら選択した道を歩む

医療法人社団勝榮会　理事長　入谷《いりたに》栄一《えいいち》

「普通のクリニックならば、自分以外でもつくれる！」。そんな強い想いを持って、二〇一三年に医療法人社団勝榮会を立ち上げました。その原点は自身の闘病体験にあります。幼少期より重症の喘息《ぜんそく》で入退院を繰り返した日々。明日の命があることさえ難しいような状態でした。親から「生きてさえいてくれれば、ありがたい」と言われながら育てられました。そこから医師になるまでの長い間、想像を絶するほど多くの挫折も経験しました。病気のため学校に行けなかったせいか、人と関わることが苦手で、いじめや差別を毎日のように受けていました。周囲に馴染めず、学業も芳しくなく、何のために生きているんだろうと人生を悲観的に考え、自分で自分を追い詰めていた時期もあります。

こうした生い立ちから、自分と同じように病気で苦しみ、嫌な思いをしている人を救いたい、生きる希望を与える人間になりたい、安心して過ごせる日々を提供したいとの想いで医師になりました。この想いで愚直に進み続けてきた結果、二年連続「ホワイト企業大賞特別賞」「日本でいちばん大切にしたい会社」大賞・実行委員会特別賞、「ホワイト財団・ゴールドランク、働きがい部門」受賞など、対外的に高い評価をいただくクリニックに成長し、一流大学出身でもない私が業界で一目置かれる存在になることができました。

振り返れば、勤務医時代、厳しさと同時にチャンスや挑戦の機会を与えてくれた恩師の影響が大きいと思います。そのときに受けた恩を、今度は自分が努力することで具体的な「形」に変え、関わる人たちに恩送りしたいと思い続けてきました。

特に、私を支えてくれる「スタッフ」に活躍してもらいたいと考え、教育に力を入れ、難度の高い研修会に参加してもらい、厳しい課題も出してきました。こうしたことを負担と感じ、私の想いに賛同できないと言って辞めていくメンバーもおり、人手不足になった時期もありました。それでも、私の考えや想いを受け容れ、残ってくれたスタッフのおかげで、今では毎月他院から見学に来るほど注目されるクリニックへ成長しています。

スタッフの成長度合いに合わせて法人規模を大きくしているため、身の丈に合わない急成長は考えていませんが、法人規模が大きくなれば、人から必要とされる機会が増え、対外的な地位も上がります。それによってスタッフの活躍の場も広がり、働く喜びに満ちあふれた法人になると信じ、日々経営をしています。

こころは広く温かく

城北ヤクルト販売㈱　代表取締役社長　大久保《おおくぼ》毅一《きいち》

「私の人生を支えた信条」というテーマを前に、あれこれ思いをめぐらせてみた。私が社長になり、九年目を迎えることができたのは、自助努力もさることながら、人とのめぐりあわせや運といった、自分を超えた力の存在も感じずにはいられない。こうしたなかで、多くの先輩経営者のあり方に感化され、惹きつけられ、自分も大いなる力をもらってきたが、特に「自分もかくありたし」と思わせてくれた人がいる。

「どのようなときも、心は広く温かく」。群馬ヤクルト販売の星野哲也社長の言葉である。亡くなられて十年が経った今も、この言葉は常に私の深いところで指針となっている。

氏は売上水準において名実共に日本一という販売会社を築き、ヤクルト本社の取締役や同社の東日本支店長も務められた方である。業界では氏の功績の偉大さに異論をはさむ人はいない。そんな人物だ。しかし、成功の秘訣を自社だけのものとせず、広く全国から視察を受け入れ、会社運営についてもオープンにされており、氏の気風の良さには驚かされることが多かった。

今思えば気恥ずかしくもなるが、社長就任当初の私は、若気の至りからたびたび氏に無理なお願いを行っていた。例えば、当社の研修担当者を群馬ヤクルト販売に泊まり込みで派遣し、三カ月間行う新人ヤクルトレディの初期教育プログラムを逐一見学、記録させていただいたこと。あげくの果てに、私の会社の新入社員を群馬ヤクルト販売に派遣し、育成していただいたこともあったが、どのような依頼も氏はこころよく引き受けてくれた。

後日知ったことだが、一見バイタリティにあふれる氏は、当時すでに自身の生命を脅かす病を抱えておられ、それにより還暦を前に永眠されることとなった。

星野社長からいただいた、一通の年賀状の返信を思い出す。公私ともに知己の多かった方で、相当数の年賀状が届いていたと推察するが、返信には必ず手書きで一言添えられていた。その返信には、お世辞にもきれいとは言えない文字で「高齢化、何の心配もいりません」と小さく書かれていた。当時、業界では日本の高齢化が愛飲者減につながると危惧されていた。それは、後進への応援と激励が込められた言葉だった。

その年賀状は大切にとってあるが、ふと見ると今でも心が温かくなる。微笑まずにはいられなくなる。私もそのような経営者になりたい。

要石

白根運送㈱　代表取締役　笹《ささ》本《もと》清《きよ》美《み》

先日の芒種《ぼうしゅ》の日、清里高原の清泉寮のプリンを手土産に知人宅をたずねた。「僕、ここにいるよ！」と声を掛けられた気がして足元を見た瞬間、なんと「佐渡の赤石」があった。玄関に入ると、木の化石も鎮座していた。「親父が石が好きで集めていた」と、しばし石談義。帰り際、「返すものがない」とおっしゃるので、そばにあった佐渡の赤石を指差し、「あれがいい」「持ってけ！」となり、数十年来の「赤石がほしい」という思いを遂げることができた。この不思議な巡り合わせ。石は間違いなく何年も前からそこにあったのに。なぜ、このときでなければならなかったのか？

知人には昨年の暮れも、ご自身制作のバード・カービングの「不苦労」君をいただいた。やはり、「返すものがない」とおっしゃったときだった。不苦労君は今、わが社の茶室「白雲軒」の床の間に鎮座している。

巡り合わせといえば、善五郎が九谷で制作したとされる盃《さかずき》がある。絵付けは、大好きな牡丹が一枝描かれている。四十年ほど前に二万円で手に入れた。残念ながら箱はない。が、至極上品な盃である。「時間」という篩《ふるい》にかけられた、たしかな本物。時代の見証《けんしょう》に耐えた本物、上品という品格がそこにある。「価値ある本物」。ふと、人の生き方にも通じるのかもしれないと思う。ならば、わが社も目指すは上品さ、価値ある本物、「時代の見証に耐えうる企業」でありたい。

わが社では毎月第二土曜日、全社員が出席する通称「ミーティング」がある。開会に先立ち、唱和する八項目がある。「私たちは黄金の石でありたい。取るに足らぬ石だけど、無くてはならぬその石（＝意志）」「私たちは一人ひとりを活かす職場作りに努めます」「私たちは防衛運転に努めます。自分を守ると同時に相手も守る。この意識が防衛運転」などなど。そして、行動指針は「大切な家族のために、見知らぬ誰かの幸せのために、俺たちは今日も車を走らせます」。これが皆の心構えである。

電気信号に変えることができる情報は、空間を移動できる。「テレパシー」がそうであるように。しかし、モノの移動は「ドラえもんのどこでもドア」が開発されるまで待たねばならない。いまだ「トラック」は、世の中にとっての「要石」である。

ありがとうございます。　　　　合掌

私の大切な信条

㈱スギノマシン　代表取締役社長　**杉野良暁**《すぎのよしあき》

何か困難なことに突き当たると、いつもあの頃のことを思い出す。二〇〇二年秋、私は上海浦東《プードン》空港に降り立った。当社にとって初の中国現地法人の登記が完了し、総経理（社長）として現地に着任したのである。私は三十代半ば。中国語も話せない。肩書きは立派だが、右も左もわからず、正直不安だらけであった。当時の中国は高度成長真っ只中、街も人も空気も熱気を帯びていた。急速に近代化が進む一方で、まだまだ発展途上の部分もあり、日本とは勝手の違うことばかりで、新米社長にとって日々苦労が絶えなかった。

営業を開始し、大口の受注も獲得できるようになり、少しは光明が見えてきた二〇〇三年の春、大変なことが起こった。ＳＡＲＳが大流行し、上海から他の地域への移動が禁じられてしまったのだ。受注がほぼゼロになり、資本金をただ毎日食いつぶす有り様で、本当に困り果ててしまった。幸いにしてＳＡＲＳ騒動は短期間で収束し、活動制限の影響は数カ月で済んだが、それでも受注がないこと、お金がないことのつらさを身に染みて痛感した。大変な思いをしたが、非常に得難い経験であった。

その後も二〇〇五年の反日デモなどさまざまな出来事が起こったが、どんなときも当社の社員や代理店の皆、そしてお客様にも支えられて、無事五年間の駐在生活を終えることができた。日本と海外では制度も習慣も異なり、国同士の関係がこじれることもあるが、現地の人たちとの交流を通じて、どこの国の人でも実は人間としての本質は何も変わらないという、当たり前のことを学べたのは大きかった。帰国後は海外部門を担当することになったが、各国のお客様との関係構築に当たっては上海での経験が大いに役立った。

あれから随分経ったが、上海時代に同じ釜の飯を食い、苦労を共にした仲間たちの明るさと懐の深さを今も懐かしく思い出す。当時、彼らの存在がどれだけ私を助けてくれただろうか。あの頃から、どんなに大変なことが起こってもそれは長くは続かず、いつか必ず好転するものだと思えるようになった。コロナ禍で一時的に受注が落ち込んだときも、その思いが自らを鼓舞してくれた。今はＶＵＣＡの時代と言われ、さまざまなことが大きく変わってしまったが、至るところにチャンスが転がっている。どんな時代、場所であっても、明るく真摯に努力すれば、周囲の支えや協力が自然と集まり、きっと新たな展望が開けてくるはずだ。それが、これからも決して変わることのない、私の大切な信条である。

畑の中に見る経営

㈻清風学園　清風中学校・高等学校　法人本部本部長　副校長　平《ひら》岡《おか》弘《ひろ》章《あき》

人間の身体は非常に繊細にできており、肉体的にも精神的にも健康でいられる環境を整えるために知らず知らずに努力しています。この構造は地球だけでなく、身近なものでは家族、会社など森羅万象すべてに当てはまります。このような考え方に出合ったのは、清風学園に食堂を開設した際のこと。自然栽培のお米の導入を考え、岡山県倉敷市に拠点を置く自然栽培実行委員会の方と会社の経営に精通する私の友人からヒントを頂きました。

慣行栽培と自然栽培の決定的な違いは、農薬や化学肥料を使うか否かにあります。慣行栽培では、収穫高と味・見た目、つまり目先の利益にこだわり、本来は重要視すべき栄養価や免疫力は二の次にされます。栄養価が低く、免疫力の低い食物で作られた身体の向かう先が明るいものであるはずがありません。

他方、自然栽培はその逆です。自然栽培が生み出す穀物は、本来の食物が持つべき栄養価と免疫力に軸足が置かれています。自然の流れの中で栽培し、必要なものは引かず、不必要なものは与えない。自然環境に耐えられない稲は淘汰され、害虫や野鳥、自然災害に自らの力で打ち勝った稲だけがたわわに穂を実らせる。淘汰された稲の残骸さえも栄養分に変わり、自然環境から得る全てのエネルギーを稲穂に結集させるのです。そして、その栄養・免疫力の塊を食べることによって身体は健全に形成されていきます。

このカラクリを会社に当てはめてみます。会社を一人の人間に喩えれば、社会は酸素。経営者は心臓。役員は目・鼻・耳（情報の取捨選択）。仕事の流れが血液（滞ると死に向かいます）。外部的な研修及び情報は口からの飲食、広報は発声。経営理念は脳。各部署及び担当は臓器であり、一つでも不全であれば、直ちに入院しなければなりません。

会社という身体を健全に保つためには、まず、いい酸素を吸うことで健全な活動の母体を作ります。心臓は止まるわけにはいきません。目・耳・鼻から誤ったものを取り入れると、事業活動に影響が出ます。健康を維持するためには、飲食物の選定は慎重にしなくてはなりません。口から発する言葉は、その人の教養を表します。どの臓器も優劣はなく、すべて健全でなくてはなりません。会社の成長は稲の発育と全く同じです。農薬などを与えると管理は楽になり、見た目も綺麗ですが、免疫力も栄養もないものが育ちます。

いかがでしょうか？　あなたの身体は健全に生活できているでしょうか？

社是・社訓、わたしたちの誓い

総合メディカル㈱　代表取締役社長　坂本《さかもと》賢治《けんじ》

「よりよい社会づくりに貢献し、五十年先、百年先、社会から必要とされる会社を目指すため、ＭＢＯを実施します」。二〇二〇年二月五日、私は全社員にこう伝えました。

高齢社会、生産年齢人口の減少という人口構造の変化に、当社グループの事業領域である医療界は、効率的で質の高い医療提供体制の構築、地域医療構想の実現、医師の働き方改革・医療従事者の勤務環境改善など、多くの対応が求められています。こうした環境下で、当社グループの社会的使命である社是「よい医療を支え、よりよい社会づくりに貢献する」を、五年先、十年先にどのような形で実現すべきかを、私は考えていました。

当社グループが、「よい医療を支える」ために取り組むべき課題は、短期間に解決できるものではありません。もっと中長期的な視点で課題解決に臨み、事業構造と資本構造の改革を図ることが最善の選択だという考えに至りました。一方で、創業から四十二年、当社グループが成長を続けられたのは、信頼を寄せてくださる株主の皆様、よきパートナーの方々に支えられているおかげと思うと、MBOで株式を非公開にすることに迷いが生じ、決断までは葛藤の日々でした。

そんな私の背中を押したのは、企業理念「社是・社訓」「わたしたちの誓い」、すなわち創業の原点でした。社員はよい人生を送るために当社グループに在籍していると信じ、「社員の豊かな人生を願い、社員とともに成長します（社訓三）」と、社員と会社は価値観を共有しています。「そうだ、これを確実に実現し、さらに未来へつなげていくのが私の使命ではないか。めまぐるしく変化する環境、この変化をチャンスと捉えて挑戦する。その準備を始めるのは今をおいて他にはないのだ」。私はそう決心しました。「わたしたちは、この一度しかない、かけがえのない人生を価値高く生きます（『わたしたちの誓い』より）」を社員一人ひとりが実現できる会社とするために、私は決断したのです。

こうして「第二の創業」が始まりました。主役は当社グループの全社員です。社員一人ひとりが、誇りと高い使命感を持って仕事ができる会社にする。これは私の役割です。一度しかない、かけがえのない人生において、「よい医療を支え、よりよい社会づくりに貢献する」の実現に向かって、叡智を結集し、総合力でこれからの総合メディカルグループをみんなで創っていきたい。それが私の思いです。

どんな困難に陥っても人間はやり直せる

㈱SoShine　代表取締役　中島《なかしま》　輝《てる》

私が経営者としての道を歩み始めたのは、巨額の借金とともに引き継いだ実家の酒販店経営でした。当時は強烈なプレッシャーとストレスからパニック障害などがひどくなり、それでも適切なマネジメントで利益をあげて借金を返済しなければならないという、八方塞がりの日々を過ごしていました。

その頃、実家の書庫で手にしたヴィクトール・フランクル『夜と霧』のなかで、「人生に何かを期待するのは間違っている。人生があなたに期待しているのだ」という言葉と出合ったのです。そのとき、「運命の開き方」を知ったように思いました。

人生がすでに期待されているものであるなら、マイナスの出来事も人生が自分に期待してくれるから起こる、ということ。それまでの私は「どうして自分にはこんな苦しいことばかり起こるのだろう」と考えていましたが、「あらゆることは期待されているから起こる」というパラダイムシフトを得たことで、困難や逆境の先にこそ明るい希望があると悟ったのです。否定的な出来事は、人生の肯定的側面を見る絶好のチャンスなのです。

その後、具体的に経営課題を解決していく際には、米沢藩九代藩主・上杉鷹山《ようざん》公の方法を参考にしました。鷹山公は「為せばなる、為さねばならぬ何事も」という言葉を遺しましたが、困窮した藩を立て直すため、まずは「やる」ことを重視しました。結果がダメなことはたくさんあっても、とにかく「為す」ということ。この教えから、私はどんな方法もアイデアも、実際に行動に移す大切さを学びました。

また、鷹山公は紅花油をはじめ、新規商品を開拓した創意の人であり、そのビジネス感覚からも影響を受けた私は、自社商品に必ず新しい要素を取り入れるようにしました。さらに、鷹山公は精神の改革も説いており、その教えから自分やビジネスの「良い面を見る」視点を得ることができました。ビジネスに弱い部分があるのなら、「人に助けてもらう」ことも大切な姿勢です。こうした数々の学びを得て、適材適所や適正分配を心がけ、アウトソーシングや協業も積極的に行い、やがて家業を立て直すことができたのです。

「どんな困難に陥っても人間はやり直せる」。これが私の信条であり、経営者として、作家として、心理カウンセラーとして、ひとりでも多くの方に伝えていくのが、私の使命でもあると考えています。

売れて・喜ばれて・儲かる

㈱高倉町珈琲　代表取締役会長　横川《よこかわ》　竟《きわむ》

表題の言葉は私が十七歳から四年間、築地の食料品の卸問屋で働いたとき、社長である「おやじさん」から教わった商売の原則です。築地を離れて六十数年、独立して会社を興し、上場し、色々な仕事をしましたが、この原則は時代とは無関係、不変のものです。

私は小売店の店長を経て、兄弟で会社をつくり、食料品店を開店しました。一九六二年のことです。店を出したのは、東京都の「ひばりが丘団地」。当時は「核家族」という言葉も目新しく、どこの家も新婚さんで赤ちゃんがいるのが普通でした。その頃の成功と失敗の話があります。

成功したのは、「しらすの一〇グラム売り」や「海苔の一枚売り（バラ売り）」です。当時、電気冷蔵庫は全世帯に普及しておらず、お母さんは赤ちゃんに食べさせる新鮮なしらすを毎日買いに来てくれました。普通の小売りの一〇〇グラムでは多いし、日持ちしないため、一〇グラム売りを頼まれて応えました。だから少々割高でも売れたのです。

海苔も同じでした。海苔の単位は一帖《じょう》（二一×一九センチの海苔一〇枚分）ですが、一〇枚ではすぐに湿気てしまい、まとめて買うには高価なものでした。このバラ売りのきっかけは、おやじさんの「お客さんの声を聞け」という教えでした。それを実践したら売れただけ、値段が高いか安いかは問題外。お客さんが欲しいのに、それまでなかったものをお店に出したから売れたわけです。そして、若いお母さんの役に立って喜ばれたことで、自分の仕事にやりがいを感じるようになり、その結果、「儲け」が出たのです。

失敗したのは「無着色のたらこ」です。当時のたらこは大半が赤く着色されたものでした。私は自分なりに勉強した結果、「安全のために着色しないものをつくれば、絶対に売れるはず」と思い、築地の会社に生産を依頼しましたが、ひばりが丘団地では全く売れませんでした。後日談ですが、その水産会社が余ったたらこを銀座の有名デパートに出したところ、よく売れたそうです。それを聞いて私は「商売には、売る場所（買う人）・売り時（時代の流れの中のタイミング）・売り物の内容の見極めが必要だ」と痛感したのです。

いい仕事をすると、いつか「儲かる」ようになります。「儲ける」ために無理をすると、嘘をつく危険もあります。「いい仕事の結果として儲かる」のが、大切なのです。

おやじさんが亡くなって二十年余り、私は明日もこの言葉を心に仕事を続けます。

謙虚にして奢らず、さらに努力を

㈲高村　代表取締役社長　髙村奈津代《たかむらなつよ》

私はどこかで劣等感を抱えながら人生を送ってきました。男の子が待望されるなか、六人姉妹の末っ子として生まれたことも一因かもしれません。しかし、社会に出てから、松下幸之助氏をはじめ、学歴のない人が素晴らしいことを成し遂げている事実を知り、社会に役に立つには、謙虚な姿勢、そして人間力がとても重要だと思うようになりました。

仕事をしていると、「親でもないのに叱ってよいのか、自分は偉そうにしていないか」と迷うことがありました。そんなとき、京セラ創業者の稲盛和夫氏が主宰する中小企業の経営塾で、人として何が正しいかの判断基準を深く学ばせていただきました。親が子どもを叱るのと同様に、社員を本気で叱ることで愛情が伝わると知り、ほっとしました。

人は皆、プライドを持っています。プライドは人の成長にとって重要な要素です。しかし、それを誤った方向に向ければ成長は阻害されます。成長とは矛盾のない状態を指します。行動すると決めたのにやらないという矛盾ではなく、やると決めたら行動する。そうすることで、自身のコンフォートゾーンを超え、新たなステージに進むことができます。

多くの経験を積むことで人は成長します。成長には勇気が必要です。その勇気は「素直な心」と「謙虚な姿勢」から生まれます。素直な心があれば、多くの学びを受け取ることができ、そのなかから自分に必要なものを取り入れることができます。私欲があると、私欲に従って選択してしまい、本当に必要なものを見落としてしまいます。私欲なく周りに目を向ける人は、素直な心を持っています。だからこそ自分を変えることができ、自然と成長していきます。過去や他人を変えることはできませんが、未来と自分を変えることはできます。時間は有限です。同じ時間を過ごすなら、楽しむことが大切です。

私たちは魂を磨くために存在していると言われます。だから、すべての出来事を魂を磨く機会と捉えたいと思います。「人間は一生のうちに逢うべき人には必ず逢える。しかも一瞬遅からず、一瞬早からず」（森信三）。人との出会いを大切にし、それを活かすことで人生が大きく変わるのです。「チャンスの神様には前髪しかない」。チャンスはすぐに捉えなければ、後からつかむことはできません。また、それをつかむためには準備が必要です。日頃から常に叶えたい夢などを意識し、謙虚に行動する姿勢が大切です。「謙虚にして奢らず、さらに努力を」。以上が私が大切にしている信条です。

両親が教えてくれた「利他の心」

㈲タミヤホーム　代表取締役　田《た》宮《みや》明《あき》彦《ひこ》

建設業を営む父のもとで育った私は、幼少期から職人と交流を深め、中学生の頃には現場仕事を手伝うようになった。父は「家業を継げ」とは一度も言わなかったが、「ナンバーワンになれ」という言葉をたびたび口にした。母は「人にやさしくするのよ」と何度も語りかけてきた。二人の言葉は私の心にスッと馴染み、すべての行動の指針となっていた。

高校時代にはラグビー部の主将を務めた。就職先の不動産会社でもナンバーワンを目指し、最年少で主任、課長、支店長と昇格した。すべてが順調に進んでいたが、三十三歳のときに肺炎で病院に運び込まれた。投与された薬物が原因でアナフィラキシーショックを起こし、全身が腫れ上がった。意識がもうろうとするなかで、死を意識した。

私は命をとりとめた。そして、二カ月半の入院期間中ひたすら考えた。本来なら死んでいた身だ。ならば、生かされた意味を考えよう。すぐに、母のある言葉を思い出した。

「稼いだお金の一部でいいから、寄付をしなさい。それをやり続けることで、あなたは多くのことを学び、豊かになれるはず」。社会に出て間もない私に、母が投げかけた言葉だ。母の言葉を機に、私は慈善団体に寄付をするようになった。けれども入院期間中、自分と向き合って初めて気づいた。寄付をしているという事実に甘んじて、自分はちっともやさしくなかったことに。ナンバーワンになることだけを考え、慢心していたことに。

今、私は父から受け継いだ会社を経営し、従業員を束ねる立場になった。また、家庭を持ち、二児の父親となったことで、「子どもたちの未来のためにより良い社会を築きたい」という思いが自然と芽生えてきた。毎年、母の日と父の日には従業員とその配偶者の両親宛にプレゼントを贈っている。そして、自分がスポーツに打ち込んだ経験から、アスリートのセカンドキャリア問題に貢献すべく、アスリート採用を積極的に行っている。

従業員のご両親からは手紙や電話、ときにはＬＩＮＥで「最高の母の日になりました。ありがとう」「田宮さんみたいな人がいる会社なら、安心して息子を任せられる」といった言葉をいただいている。これらの言葉もまた、人生の大きな支えとなっている。

当社の代表取締役として社会のために何ができるのかを考え続け、利他の心で自分にできることを愚直に実践していく。これが、父がくれた「ナンバーワンになれ」、母がくれた「人にやさしく」という言葉の真髄なのだと思っている。

精神活動の連繫

㈱中京医薬品　代表取締役会長　山田正行《やまだまさゆき》

何事も一見易しそうに見えたことが、いざやってみると思いのほか難しいことがある。逆に、難しそうに見えたことが、案外と易しいこともある。であるならば、事を始めるとき、敢えてより高みを選んで挑戦してみるほうがいい。難度が高いほど挑戦する意志の力が精神の足腰を強靱に鍛え、信念を強固にしていく。

顧みるに、これまで特定の人からというより、むしろ日常において身近な人からいただいた有り難い数多《あまた》の一言一言や、自身の多くの失敗、それらの学びが混じり合って今の自分があるように思う。

さて、人生は出会いと別れの繰り返しであり、その際に学びとなる、色々な人間模様が如実に現れるものだが、特に別れには出会いのとき以上に心を砕かなければならない。

人は大抵、出会いのときには、相手に良き印象を抱いてもらおうと言葉を選び、ことさら愛嬌を振りまく。ところが、いざ別れの段になると、人が変わったように不遜な態度に出る方がいる。これはどういう了見からくるのであろうか。世間は不思議なほど狭い。すべてが何らかの関わりでつながっている。浅慮、軽薄は、いつか巡ってくるであろう良き機会と可能性を失し、悲しいかな、それは人生を先細らせる。

一方では恐縮するぐらいに丁重にあいさつをされる方もいる。その別れは人を魅了し、いつまで経っても心地よい余韻を残す。しばらくしての思いがけない再会には、互いに懐かしくも嬉しさ一杯で胸躍るものだ。

また、トップたる者は、人の受けをねらうようなおもねりやへつらいなど、間違っても人気とりに走ってはいけない。そういったさもしい根性は、適切な判断を過《あやま》つ。何かにつけ批判・批評はつきものだが、それに惑わされ、恐れていては信念に揺らぎが生じる。本意に沿って合目的に毅然として、為すべきことを為すまでだ。常に責任をとる覚悟さえ持っていれば肚はすわる。

さらに、堅牢な堤もほんの小さな一穴から決壊する。大事に至らぬよう小事ほど細心の注意を払わなければならない。

つくづく思う。意志、挑戦、学び、そして信念。それぞれの語意は一連の精神活動として、深いところで密接につながっている。

人生、負けてたまるか

㈱銚子丸　取締役会長　堀地《ほりち》ヒロ子

父親が鉄工所を経営していたため、高校を卒業したのち家業を手伝うようになり、やがてビルの建設現場で職人さんたちに指示する立場に。「あねさん」と慕われるほど、見た目は男まさりだったようです。もともと、「自分の力で生きていきたい」という思いが強く、いずれは経営者になるのが夢でした。二十四歳のとき、たまたま見合いをした相手が独立志向を持った人（堀地速男《はやお》）で、何となく縁を感じて結婚しました。

結婚して五年目、夫婦で貯めた資金を元手に小さなおもちゃ屋を開店します。その後、持ち帰り寿司のフランチャイズ展開、ラーメンや和食店、学習塾、不動産業など、さまざまな事業に挑戦しましたが、ただ忙しさが増すだけで、経営者としてのやりがいや充実感などまるでなし。睡眠時間が三、四時間の日々を送るなか、私は追い詰められました。

そんな辛い思いを抱えていたとき、関西で成功している回転寿司店を視察する機会に恵まれました。値段の異なるお皿、六人掛けのボックス席を初めて見て驚くと共に、いずれ私共がオープンするときには「回転寿司でありながら、板前が握る本格的な寿司を提供できたら、お客様は喜ぶのではないか」とひらめいたのです。それが業界初の「グルメ回転寿司」のスタートでした。一九九八年、「すし銚子丸」第一号店をオープン。現在、千葉県を中心に関東で九二店舗を構え、二〇〇七年には株式を上場するまでに至りました。

ただし、けっして順風満帆だったわけではありません。転職の多い業界事情、クレームへの対応……。毎日が戦場のような忙しさでした。そのとき、いつも腹の底でつぶやいていたのが、「人生、負けてたまるか」。私には三二〇〇人の従業員を守る責任があるという強い使命感、私の心が折れたら会社が潰れるという危機感もありました。そのうえで「逃げない」「愚痴をこぼさない」「常に最善を尽くす」を生き方の基本にしてきました。

当社の経営理念は、「お客様に『真心』を提供し、『感謝と喜び』をいただくことを使命といたします」であり、「寿司を売るな、理念を売れ」をモットーにしています。夫は二〇一六年に逝去し、現在、私が創業者として次の世代に経営を引き継いでいく立場になりましたが、その実践に取り組めるのも、常日頃、経営理念を実現してくれる店舗で働く皆さんのおかげと感謝しております。

私も油断をせず、さらに身を引き締め、これからも現場と共に進んでまいります。

アイアム・ハングリー

㈱千代田設備　相談役　佐藤袁也《さとうのぶや》

昭和二十年。私の父親は鉄道員で、岩国駅近くの鉄道官舎に父と母、私、三歳の妹、一歳の弟と五人家族で住んでいた。私は六歳、尋常小学校一年だった。

八月十四日、岩国も空襲が頻繁になっていたことから、父は町外れへ家探しに行った。しばらくすると空襲警報が鳴り、私たち家族四人は父親が作った官舎前の防空壕に急いで入った。すると、岩国駅に停まった列車から、背中に赤ちゃんをおぶった若いお母さんが「入れてください！」と慌てて飛び込んできた。間もなく、空から降り注ぐ爆弾が破裂、私たち家族と若いお母さんは散り散りに飛ばされ、気を失った。どれほどの時間が経ったのか。妹の「助けてー！」と叫ぶ声で目が覚め、意識朦朧としながら周りを見ると、五メートルほど先に一歳の弟を抱きかかえた母親が倒れているのが見え、私はそこに向かってヨロヨロと進んだが、再び気を失って倒れてしまった。

急いで帰宅した父親が私たちを助け出してくれた。妹、若いお母さん、赤ちゃんは亡くなり、母と弟、私の三人は助かった。母親のところに歩み寄る途中、ほぼ全身が土の中に埋まり、小さな膝から下の両足が見えていた。意識朦朧としながらその前を通ってしまったが、あれは妹だったのだ。なぜ助けてやらなかったと、今も後悔の念を抱いている。

八月十五日が終戦の玉音放送である。私たちの運命は一日の差、終戦前日の岩国の空襲で大きく変わった。二時間ほどの空襲で七〇〇人近くが亡くなったと聞いている。

その年の年末、岩国駅で大阪方面へ向かう列車に乗っていたアメリカ兵に向かって、何カ月も風呂に入らず、ボロボロの服を着た私は、両手を挙げて「アイアム・ハングリー、アイアム・ハングリー」と飛び叫んでいた。何年も甘い物など食べたことがなく、食べる物さえなく、ガリガリに痩せた子どもを見て、アメリカ兵も哀れに思ったのか、アメ玉のような物を投げてくれた。意味がわからずに叫んでいた「アイアム・ハングリー」が、生涯忘れようにも忘れられない、私の心にある基軸である。

私自身、もっと学び、人柄を良くする修養に「アイアム・ハングリー」でありたい。

私自身、もっと仕事を通じて社会に貢献できる「アイアム・ハングリー」でありたい。

自分を大切に他人も大切にする親切思いやりに「アイアム・ハングリー」でありたい。

妹の分まで生かしていただき、誰かに喜んでもらえることをしたいと思っている。

父の教訓に学んで新しい道を拓く

㈱ツー・ナイン・ジャパン　代表取締役社長　二九《ふたく》規長《のりなが》

「下請けに甘んじることなくメーカーになれ」。京都百年企業の二九精密機械工業を創業した父のもと、金属製品の精密加工、金属表面処理技術の開発・応用、半導体製造用離型性金型の開発・製作など、京都のものづくり基盤技術と経営の要諦を二十三年にわたり学んだ私は、一九八九年に弊社を設立しました。社名は、二九に由来する「ツー・ナイン」と「ジャパン」。高度経済成長期の製造業で中核的役割を担い、世界トップシェアを誇った金型製作を伴って海外出張を行った経験から、「中小企業でも金型製作のグローバルニッチトップ企業に成長させる」との気概を社名に込め、「下請けに甘んじることなくメーカーになれ」という父の言葉を教訓に、新しい道を拓こうと決意しての出発でした。

「人のつながりは宝」。創業から約十年後、製薬企業から「薬の錠剤成形用金型の上・下杵に錠剤原料の粉体が付着して困っている」との相談を受けました。その解決に向け、半導体製造用離型性金型の開発経験と実績から、オンリーワン技術となる杵表面のＴＯＰ下地処理技術を開発し、錠剤製造のオペレーションコスト削減に大きく貢献しました。この新技術には、半導体製造分野で昵懇《じっこん》の知人から譲り受けた研磨装置が役立ち、これを契機に、弊社は製薬・食品企業向けの高機能性打錠用金型製作に事業を大転換しました。

その後、鳩レース愛好家グループの友人による製薬メーカーの紹介、強靱で高価な特殊鋼材を杵先端部に、耐錆性鋼材を軸頭部に採用した画期的な異種金属接合（ＤＭＣ）技術の開発で協力を得た材料メーカー、父の代から付き合いのあったメーカーとのオンリーワン金属加工装置の開発、打錠用金型の生産ライン整備で協力を得た京都市産業技術研究所など、父から学んだ「人のつながりを大切にする」姿勢を貫いた結果、国内外の製薬・食品企業に打錠用金型を供給する国内シェアトップメーカーとしての礎を築きました。

「危機に遭遇すれば次の危機に備えよ」。創業三十周年を迎え、海外展開に向けた事業拡大計画を立案後、新型コロナのパンデミックに遭遇したのを機に、新工場の建設と金型生産ラインのＤＸに着手し、製品の量産化と安定供給を実現しました。同時に、杵・臼クラウド管理システムを開発してユーザーに無償提供し、金型交換時期のアラート、打錠障害のリアルタイムモニタ、金型の受発注オンラインシステムなどを整備しました。

ここでも父の教訓に学び、次のリスクへの備えと海外事業拡大の基礎を固めたのです。

天地自然の理法に順《したが》う理念経営

㈱ツムラ　代表取締役社長CEO
加藤照和《かとうてるかず》

米国駐在員だった私が、突如、新たに創業する会社の経営者になるとは夢にも思いませんでした。米国同時多発テロ事件が発生した二〇〇一年九月、ニュージャージー州の子会社の清算業務に目処がつき、そろそろ帰国かと思っていた矢先、ロサンゼルスでパーソナルケア・日用雑貨品のホールセールの会社立ち上げに関わることになったのでした。

当時、三十八歳。十月にロサンゼルス事務所を開設し、ニューヨーク・日本・ロサンゼルスを毎月飛び回り、出資者を募り、商品供給会社に協力を仰ぎ、銀行口座開設、社屋兼倉庫・車両のリース契約、社員募集、システム構築などに奔走しました。十二月に米国合弁販売会社「パシフィック・マーケティング・アライアンス・インク」を設立し、商品仕入・出荷、請求書発行・代金回収も少人数での手作業からスタートしました。その後、セールス・倉庫・配送・事務などの人員を採用。言語や文化的背景の異なる日本人・米国人・中国人・台湾人・韓国人・ペルー人で構成され、多様性に富んだ組織であったがゆえに、会社の求心力、経営の羅針盤となる企業理念と企業使命が必要だと考えました。

そんなときに出合ったのが、『経営秘伝　ある経営者から聞いた言葉』(江口克彦著)でした。ある経営者とは松下幸之助氏であり、本書は江口氏が幸之助氏晩年の二十数年間、PHP研究所で側に仕え、見聞きしたことを、ご自身の解釈で述べられた経営論ともいうべきものです。江口氏はのちに同研究所社長に就任されています。

素人経営者の私が自らの考え方を社員に浸透させていこうにも、なかなか社員は理解してくれず、思うように動いてくれないといった壁にぶち当たりました。その答えは、「燃える思いでくり返し訴える」と記されています。

また、スタートアップで資金繰りが厳しく、経営に苦心するも結果に結びつきませんでした。社員と家族の生活を守るためには給与の遅滞は避けねばなりません。『経営秘伝』では「経営を良くしていこうとすると、商品とか組織とか体制など目に見える要因に心を奪われる。経営を考えるときに、目に見えん要因というものを合わせ考えんといかん。それは例えば、会社の経営理念とか哲学とか、あるいは経営者の考え方とか姿勢とか」、後継者の心がけの一つは「経営理念を精緻に研究、体系化することや」と教えています。

本書と出合って以来、私は「順天の精神」に基づき、理念経営を実践し続けています。

「忘己利他」で企業理念を貫く

㈱テクノア　代表取締役　山﨑《やまさき》耕治《こうじ》

二〇一六年一月、当時社長だった大道《おおみち》等から次期社長就任の打診を受けた場所は、病室でした。大道は「しっかり育てていくから安心してほしい」と約束してくれましたが、社長に就任して二週間後、他界してしまいました。その短い間の唯一の教えは、「社長の仕事は社員を幸せにすること」という言葉でした。私は昔から周りの人のために何かをするのが好きな性分だったこともあり、この教えは自然と体に染みわたりました。

社長就任早々、大きな支えを失う結果となりましたが、置かれた状況の厳しさゆえに経営者としての覚悟が決まりました。そこに自分のためという考えはなく、社員を含むテクノアとご縁のある方々のために、誠心誠意努めたいという思いで一杯でした。そのため、社長就任の挨拶では、私の信条である「忘己利他《もうこりた》」という言葉を使いました。

「忘己利他」とは、己を忘れ、人々の幸せに尽くすことで自分も幸せになる、という考え方です。私自身「自分のことより、社員をはじめとするご縁ある方々にこの身を尽くせているのか？」と日々、自問自答していますが、まだまだ甘さがあると感じております。

経営をしていると平穏な日々ばかりではなく、予期せぬ出来事や解決が難しい問題が起こり、悩み苦しむことがあります。しかしながら、そこで理念や信条に反する妥協した行動、自分の利益だけを考えた判断をすれば、状況を悪化させるばかりです。厳しい状況のなかでこそ、企業理念や信条を貫いた行動が問題解決につながります。

テクノアは経営理念として「縁があった企業や人々を幸せにする」を掲げています。私が「忘己利他」の精神で経営に向き合うほど、お客様のことを大切に思う社員も増え、今では事業活動を通じてたくさんの感謝の声をいただくようになりました。

テクノアの社員も、相手の幸せを思った行動が自分の幸せにつながると信じています。理念に即した行動をし続けることは容易ではありませんが、私たちはお客様から温かいお言葉をいただくたびに、企業理念を貫く価値を感じています。

社長就任から七年経った今も、自身の信条にまったく迷いはありません。また、大変光栄なことに、会社の理念に基づいた組織作りや、会社の業績を評価いただく機会にも恵まれ、目指す姿は間違っていないと確信しました。これからも「忘己利他」の信条で、自社の理念を貫き、ご縁があった皆様の幸せを第一に考え、この身を尽くしてまいります。

謙虚にして驕らず

天伸㈱　代表取締役　小宮山記祥《こみやまのりよし》

「リーダーは、常に謙虚でなければなりません」

私が尊敬する京セラ創業者、稲盛和夫氏の言葉です。経営の神様といわれる稲盛氏は一九八三年、中小企業経営者を育てる学びの会「盛和塾」を立ち上げ、数多くの経営者を指導されました。短い期間でしたが、私も同塾の末席に連なり、稲盛塾長からさまざまなことを学ばせていただきました。

二〇一七年に伯父の会社を承継したとき、新たな社是と経営理念を作り、それを携え、私が師匠と仰ぎ、盛和塾本部理事も務められた共和電子株式会社の馬場義勝社長のもとへご挨拶に伺いました。私は当初、社是を「愚直」にしようと考えていましたが、馬場社長から「素直」「謙虚」を加えたらどうか、と促されました。愚直に繰り返し学び続けることと、常に素直で謙虚な姿勢を忘れてはならないと教えていただきました。こうした教えによってできあがった現在の社是は、当社の大きな財産となっています。

馬場社長をはじめ、盛和塾の諸先輩方は、できの悪い私に対しても、稲盛塾長の教えを諦めず、熱心に噛《か》み砕いて教えてくださいました。稲盛塾長の言葉と教えは、頭で思うだけでなく、行動で実践することが大切であることを、未熟者の私に教えてくれました。

私が会社を承継したとき業績は赤字でしたが、稲盛塾長や諸先輩方の姿から、経営者、そして人としての「考え方」が持つ重要性に気づかされたおかげで、どうにか事業を立て直し、伯父に対しても感謝の気持ちを持つことができたのです。

二〇二二年に稲盛塾長が逝去された際、私は帝国ホテルで執り行われた献花式に参列しましたが、そのとき、祭壇に頭《こうべ》を垂れた大きな稲穂が飾られているのを目にしました。それを見たとき、稲盛塾長から「これからも謙虚な姿勢で経営をしなさい」というメッセージをいただいたと感じました。

稲盛塾長や盛和塾の諸先輩方の教えのおかげで、今の私があると思っています。今後も経営理念に掲げた「全従業員の物心両面の幸福の追求と、地域社会に貢献すること」の実現を目指し、従業員をはじめ、私たちの会社に関係するすべての方々に喜んでもらえる会社にしてまいります。

「クライアントファースト」を貫いて

㈱東条設計　代表取締役会長　東條正博《とうじょうまさひろ》

二十代前半、建築設計の構造計算業務に下請けとして携わっていた。元請の設計事務所に対して良かれと思い、建物の使い勝手を最大限考慮し、柱位置の変更や耐震壁を設けることで意匠的見地からも経済設計になるプランなどを提案していた。しかし、自社の作業量が増えるとの理由から、元請には聞き入れてもらえなかった。そのような経験が続き、どうしてもお客様と直接向き合える仕事がしたい、真に建築主のためになる仕事がしたいとの思いで、一級建築士試験合格を機に設計事務所登録を行い、事務所を設立した。

見様見真似での船出だったが、建築主と直接対話しながら設計する楽しさは、何物にも代えがたい喜びだった。また、高等教育も受けていないと思い、地元大学にお願いして初めてのオープンデスク生となり、仕事をしながら建築学科で二年間学んだ。学問としての学びと共に、「我以外皆師」、その気になれば、どこでも建築は体感し学ぶことができると悟った。友人や親戚の紹介で住宅・店舗の設計実績を重ねるなか、さらなる紹介で新たな仕事をいただき、「仕事のごほうびは仕事」を体感し、草創期は順調なスタートだった。

しかし、創業八年目にして岐路に立たされる出来事が起こった。歓楽街のテナントビル新築において設計が概ねまとまった頃、相当な労力がかかることは承知の上で、社員に設計変更を提案した。真にお客様視点に立つのなら、そのほうがビルの収益性が上がり、使い勝手も良くなると考えたからだ。ベテラン社員四人から「お客様は現設計で満足しておられる。変更提案までしなくても」と、何度も説得された。変更しなければ、社内は円満に収まる。しかし、この建物が存在する限り後悔し続けると思い、自らの考えを貫いた。

自らを犠牲にしてまで建築主に尽くすやり方にはついていけない。そんな言葉を残し、彼らは去っていった。苦楽を共にした仲間との別れはつらく、自身の考え方が間違っていたのではと、自問自答の日々だった。しかし、それでは創業から貫いてきた「クライアントファースト」は達成できないと思い直し、残ってくれた若い社員二人と共に歯を食いしばり、苦しい時期を乗り越えた。すべては「お客様のため」、ただその一心だった。結果、テナントビルのお客様には大いに喜ばれ、たくさんのお客様をご紹介いただいた。

おかげさまで現在、規模的には九州一の設計事務所となった。これからも不易流行と共に、信義である「クライアントファースト」を貫いていきたい。

経営理念の確立と浸透で成功五〇%

TOMAコンサルタンツグループ㈱　代表取締役会長　藤間《とうま》秋男《あきお》

TOMAの始まりは、約百三十年前の明治二十三年。当時の丸の内にまだ東京駅はなく、役所・裁判所・刑務所・警察署などが所在する場所に字が書けない人の代書店を開業したのが、当グループの原点です。二代目の祖父は司法書士になり、数多くの大企業の商業登記を受託し、会社を拡大しました。そして、この祖父の「藤間には司法書士しかいないのか。弁護士とか経理士（公認会計士）はいないのか」という言葉が、士業連携による有機的なワンストップグループを構築するという夢へのきっかけとなったのです。

司法書士事務所四代目の長男として生まれた私は、公認会計士資格を取得し、四十年前、社員ゼロから事務所を創業しました。最初の年はお客様ゼロが続いたものの、その後の十年は着実に成長し、社員も四〇名まで増えました。しかし、次の十年は幹部の大量退職や、業績不振で銀行から貸し剝がしにあい、支店長に土下座をするといった厳しい状況が続きました。

そこで一から経営を学び直し、松下幸之助氏の弟子にあたる木野親之《きのちかゆき》先生の「経営理念の確立と浸透を行えば五〇%は成功、そこから社員を信じて任せれば三〇%成功する」という言葉に出合いました。「経営理念の確立・浸透を行えば、社員がそのように動くから、社員を信じて任せてもよい」という考えです。それから二年考え抜いて創り上げたのが、「明るく、楽しく、元気に、前向き」という経営理念と、「社員・家族の幸せづくり優先がお客様の幸せづくりへの近道」という人材育成理念でした。

経営理念の後半は「社員・家族とお客様と共に成長・発展し、共に幸せになり、共に地球に貢献します」と続きますが、常に社員の幸せを追求する経営を目指すため、「お客様と社員・家族」ではなく、「社員・家族とお客様」という順番にしました。この理念を愚直に実践してきた結果、今では社員が二〇〇名にまで増え、一〇〇〇社のお客様と顧問契約を結ぶに至っています。

会社にとって社員は、実はお客様よりも大切です。社員を大切にしない会社、経営者がワンマンな経営を続けている会社は、組織の力を発揮できません。時代の変化についていけず、衰退の一途をたどる運命と言えます。今後もより一層、社員に寄り添い、社員のことをとことん考えた経営を行ってまいります。それにより、必ず道は拓けます。

私の人生を支えた信条――幸福三説

㈱常盤植物化学研究所　代表取締役社長　立崎《たつざき》　仁《じん》

高校卒業後の浪人時代、「幸福三説」を知った。その頃まで、世の中には幸運な人と、そうでない人がいると考えていた。故渡部昇一先生の著書の中で、幸運は努力でつかむものという考えに触れたとき、心の霧がぱっと晴れた気がした。そこに記されていた一例が、幸田露伴が唱えた幸福三説だった。何か幸福を得たとき、「惜福：福を使いきらず惜しむ」「分福：福を周囲に分ける」「植福：福を将来に植える」。それらの積み重ねが大切であると説く幸福三説は、現在に至るまで私の人生を常に支えてくれた。松下幸之助さんを経営の師として仰ぎ、慕ってきたのも、運の捉え方への強い共感があったからだ。

四代目として始まった社会人人生は、四〇億円近い負債を抱えてのスタートだった。周りは怖い人、意地悪な人であふれていた。それでも自分を不幸と思ったことは一度もなかった。幸福三説や幸之助さんが常に自分を励まし、勇気づけてくれたからだ。

経営再建と同時に、社員と共に地域の美化活動、小中学校・高校の教育ＣＳＲを開始した。無料開放のハーブ園の整備にも力を注いだ。借金で首が回らないなか、手元に残るわずかな金を、社員の給与増、地域社会への貢献、夢・研究開発へ積極的に投資した。構内は毎年きれいになり、何より社員の心がきれいになった。

十一年にわたる経営再建のなかで、最もつらく大変なとき、幸運の神様が機能性表示食品制度を与えてくれた。地道な研究開発で、自力の花を咲かせることができるようになった。鬼のような人は去り、いつの間にか和やかで優しい人があふれるようになった。

経営危機から生かされた今、最優先の経営課題は何か。そう深く考えたなかで、環境や社会への貢献を軸に据えた会社経営が始まった。本社工場は九九％カーボンニュートラル化し、社員と社会のウェルビーイングを体現する各種施設も開設した。

本業は、最先端の植物化学を通じて新たな価値を創造し、最高の技術で最高の製品をつくること。増収しても減益する厳しい外部環境の昨今、ＥＳＧを優先し、資金を投じることに対して社会は決して優しくない。経営再建の頃と同様、厳しく、険しい道が続く。

地球、社会、植物から生かされる会社になろう。人々の期待、応援を力に、「世界一の植物化学企業」を目指せる会社になろう。幸福三説の実践で、新たな道が必ず拓けていくと信じよう。自らを励ましながら、これからも努力していきたい。

お客様の笑顔のために

徳武産業㈱　代表取締役会長　十河孝男《そごうたかお》

当社は、歩くことに不安や困難のある方に「安心して生活できる喜び」を提供したいという願いのもと、「あゆみシューズ」の企画・製造・販売を手掛けています。おかげさまで「あゆみシューズ」は二〇二三年、発売から二十八周年を迎え、現在は年間約一八〇万足を販売し、昨年七月には累計販売足数二〇〇〇万足を達成することができました。

当社は日本で初めて「ケアシューズ」という新しい分野に挑戦し、開拓してまいりましたが、靴づくりの経験がなかったことで、開発当初はまさに試行錯誤の連続でした。しかし、靴づくりの経験がないからこそ、一般の靴の常識とは違った角度から高齢者の生活を懇切丁寧に観察できたこと、そして、お客様の不満を改善したいという強い想いが、新しい商品やサービスの発見につながったのではないかと思っています。

開発当初は社長の私と専務の家内で毎日、県内の介護施設や病院を回りました。お年寄りの足の状態は実に多種多様で要求もバラバラでしたが、顕在的なニーズは、①軽い靴、②明るい色、③踵《かかと》がしっかりしている、④転倒しない、⑤安価、⑥左右サイズ違いで履けることの六つでした。特に、左右サイズ違いというのは想定外でした。実際に調べると、お年寄りの足は腫れやむくみ、変形などにより、左右のサイズが違いました。そのため、従来は大きいほうの足のサイズで靴を買い、健常な足には爪先に詰め物をしたり、靴下の重ね履きをしたりして調整していたようで、それも転倒の原因になっていました。

さらに、お年寄りの歩行をひたすら観察するうちに、新たな発見がありました。麻痺など特定の症状による足の引きずりで、靴底の片方だけがすり減り、周囲がボロボロにすり切れているのに、健常な足のほうはきれいなままだったのです。それを見て私は、「片方だけを半値で売る」ことを決めました。二年間、約五〇〇人のお年寄りの声に耳を傾けたなかで、「左右サイズ違いで靴を買いたい」と言う人はいましたが、「片足のみを購入したい」と言う人は一人もいませんでした。私たちは、潜在的ニーズを発掘したのです。

「お客様にとことん寄り添う」姿勢は、現社長の徳武聖子に受け継がれ、日々心を込めたお客様への取り組みを深化させています。これからも心優しい社員とともに、高齢者、障がい者の心と身体のお役に立つ商品を提供し、「困った時のあゆみ」とお客様から頼りにされ続けることを目指して精進していきたいと思います。

託された想い

㈱トータルシステムデザイン　代表取締役社長　木《き》村《むら》一《かず》生《お》

二〇一七年八月二十二日、茨城県の霞ヶ浦を見下ろす展望室で、私は前代表取締役会長と向き合っていた。先に行われた株主総会には体調不良で出席できず、ご自身の退任と私の新社長就任の場に臨席いただくことは叶わなかったが、その代わりに「新社長と二人で話がしたい」との連絡を受けて向かった先でのことだった。

齢九十を過ぎてもグループ各社の創業者としてその影響力は絶大であり、弊社の株主総会でも叱咤や激昂する姿ばかりが印象的で、今回はどのような話かと緊張しての訪問だったが、向き合った表情は驚くほど穏やかで、口にされる言葉は温かさに満ちていた。

「君はいくつになるの?」。そんな質問から面談が始まった。「四十二歳、本厄で社長を任されました」と答えると、笑ったのかどうか、温和な表情になり、ご自身のことを語り始めた。戦争に行って満洲から引き揚げてきたこと、創業時の苦労や失敗談、長きにわたって会長として事業を見守るなかで考えてきたこと、今後推測される課題、業界の特徴や将来性など、いずれもご自身の本業の傍らで弊社の会長職を務めているとは思えないほど、問題の把握や指摘も的確で、その見識には返す言葉もなく、ただ頷くしかなかった。

最後に、窓の外を遠く見つめてこう話された。「ここから見える霞ヶ浦という場所は昔、『予科練』という航空隊があって、多くの若者が『特攻』として戦争に向かっていった。飛び立ったまま帰ってこなかった者も大勢いる。皆やりたいことがたくさんあったはず。人生はどんな巡り合わせがあるか分からない。過ぎた日は帰ってこないのだから、悔いのないように目一杯やりなさい」。そして、「化けろ（大きなことを成し遂げなさい）」。

その言葉をいただいて面談は終了した。別れ際、握手を交わした手が思いのほか冷たく感じられて、立ち去る背中をしばらく見つめていた。会社が長い間、これだけ大きな存在に見守られていたことを初めて知り、これまでどんなときも精一杯やり切っていたのかと自身を恥ずかしく思うと同時に、言葉では表せない感謝の念で胸が熱くなった。

面談から六年が経った。前会長の目に、社長である今の自分、そして託された会社はどのように映るのだろう。毎年、株主総会を迎えても、叱咤や激励を受ける機会が再び訪れることはない。そのたびに寂しさを覚えつつも、面談のメモを見返して感情の昂《たかぶ》りと感謝の気持ちを思い出し、また新たな一年、前に歩みを進めていく勇気をいただいている。

私を支え続けた黄金律

㈱ナプロアース　代表取締役社長　池本《いけもと》　篤《あつし》

私は二十代後半で世の中のことを何も知らないまま経営者になりました。それゆえ、社員やお客様、地域に対する接し方について常に迷い悩む日々が続きました。人脈もない私は先輩経営者に相談することもできず、とにかく本を読んで学ぶしかありませんでした。がむしゃらに本を読むなかで出合ったのが、イエス・キリストが述べられている「自分にしてほしいと思うことは、皆同じように人にもしなければなりません」という黄金律でした。それまで自分中心の考え方だった私は、社員やお客様、地域が喜ぶことを懸命に考え、「黄金律」を実践するようになったのです。創業時はお金もなく、近くにコンビニもなかったため、社員の健康を案じ、「ナプロのサラ飯」と称して手作りのスパイスカレーやイカ飯などの料理を振る舞うようになり、三十年経った今も形を変えて続けています。社員の誕生日にはご家族でゆっくり祝っていただこうと休日を贈り、社員の仕事はご家族の協力の賜物と考え、食事券やブランド牛の焼肉などをプレゼントしました。資格取得などの費用補助や休みも整備し、社員のリクエストで農園も作りました。お客様や地域に対しても、周辺のごみ拾いを行い、学校の新年度には美しいお花で学校の玄関を飾る活動も始めました。「自分がしてもらったら嬉しいだろうな、わくわくするだろうな」と思うことを積極的に取り入れ、今に至るまで多種多様な施策を講じてきたのです。

「黄金律」を実践してからは周囲との関係もよくなり、さまざまな人とのつながりが生まれ、悩みが減ったように思います。そのおかげもあってか、二〇二三年には「日本でいちばん大切にしたい会社」大賞において審査委員会特別賞を受賞することもできました。

一方で、私は東日本大震災発生時、原発から一〇キロの場所で事業を行っていました。その日を境に、十数年勤めてきた社員と会うことも、会社で共に仕事をすることもできなくなりました。人の人生や縁は、とても儚いものであることを知りました。

その後、新しい場所で事業を再興し、経営が軌道に乗った頃、社員から「有難う」と言われました。涙が出るほど嬉しく、経営者になってよかったと思いました。人は他者から必要とされ、感謝されるときに幸せを感じ、本当の満足が得られるのだと実感しました。

これからも「黄金律」を座右の銘とし、「有難う」の輪を広げて皆で幸福感を味わえる会社づくりを目指したいと思います。

良きライバル・青年団体・父親

奈良スバル自動車㈱　代表取締役社長　高《たか》木《ぎ》信《しん》一《いち》

人生百年時代を迎えるなか、私は今年で五十五歳となりました。まさに人生の中間地点に立つ自身を振り返り、皆さまの人生へのヒントになればと執筆させていただきます。

私の人生を振り返ったとき、大きな影響を与えてくれたことを三つに分けてご紹介します。その三つとは、「良きライバル」「青年団体」「父親」です。

「良きライバル」とは、父兄サークル、学生時代の同窓生、ご近所の皆さんなど、会社以外のコミュニティの方々です。経営者という立場から離れ、フラットな立ち位置で会話をするなかで、「こんなことを頑張っている」「あんなことをやってみた」などと聞くことにより、「面白そう」「自分もやってみよう」と心動かされたことが数多くありました。何気ない会話のなかにも、「あぁ、皆さん一人ひとり頑張ってるなぁ」という強い刺激があったのです。そんな刺激も、今の私を形づくってくれた財産なのです。

二つ目ですが、私は地域で奉仕活動を行う「青年団体」で約十年間活動をしていました。同年代、かつよく似た環境にいる仲間と接するなかで、無意識のうちに意味のないプライドを捨て、恥をかくことを恐れない気持ちが醸成されました。また、大舞台での経験により度胸がつき、本気で取り組んだ先にある喜びや悲しみも強烈に体感しました。さらには、組織運営の難しさや面白さを勉強し、仲間やチームといった価値を認識できたことなど、本当に貴重な十年間を過ごすことができました。時間的にはずいぶん費やしましたが、それを支えてくれた社内で共に働く仲間には最大限の感謝の意を表したいと思います。

最後は「父親」です。現在、会長職にある父親は、身体的には年相応ですが、精神的には今なお会社への情熱が衰えていません。経営者として五十年余、役割を全うしてきた事実はとてつもなく偉大です。その父親から具体的に形あるものを引き継いだかと問われると困るのですが、今でも「すごいな」と感じるのは、会社経営への情熱であり、その最たるものが社員一人ひとりに対する関心の強さです。休日に父の自宅を訪れると、たいていは社員への労りや期待など、社員の話題が尽きません。

当社の経営理念「幸せの実現」のために、私自身もさまざまな出会いや経験を通じて得た学びを生かし、「仲間」である社員を深く思う経営者を目指してまいります。

ひたむきに働く喜び

㈱ニッコー　会長　山崎《やまさき》貞雄《さだお》

四十歳にして冷凍食品メーカーを起業する際、意を決して連れ合いに「起業したい」と伝えた。返事は「やったら」の一言。家族の応援にやる気がわき上がった。社名の「ニッコー」は「日に興す」の意。「日々頑張り働く」の想いから命名した。前職K社の、今は亡き創業者の所へ起業の挨拶に行くと、「君もがんばれ」と言われ、嬉しかった。

事業内容は自社企画商品の開発・製造。自社ブランド以外は考えられなかった。友人から「小さな中華まんじゅうがいいよ」と言われ、手造り・国産原料・安価でおいしい、をニッコーブランドとした。時代の流れを汲んだ安心・安全、健康志向を目指し、同様の考え方の生産者から原料をいただき製造した。起業した一九八四年当時、家庭用冷凍食品の普及率は低かったが、その後、生活者の変化で市場が変わっていった。新商品の導入は、時代の流れに対して遅すぎず早すぎず、半歩先のタイミングがベストと思った。

新人の気持ちであらゆる方に教えを乞うた。開発初期、原料メーカーさんに一から十まで指導いただいたが、労力・知恵・道具類はすべて自分持ちだった。お金がなく、中古の機械と工夫、周囲の応援がすべてだった。できあがった商品は、近所にあるSコンビニの商品より評判がよく、お店の方もよく買いに来られた。販売会社からも、もっと作れと大合唱。

手造りのため、夜中に手や肩の痛みを気にしながら作り続けていたが、起業から一年が過ぎた頃、「お父さん、もうお金がないのよ」と告げられた。贅沢《ぜいたく》をしているわけではないのになぜ、と思った。日次決算をして驚いた。真っ赤だった。思いがけず痛烈なパンチをくらった。中小零細企業のオヤジは数値に弱いことを地でいったのだ。どんぶり（＝どんぶり勘定）が大好きだったのである。商売は「入と出の差」だけだと痛感した。「頭だけ、現場だけ」でも継続できない。「数値と現場」は心に留めてきた大きな教訓である。

人・お金・設備がない、お客様が少ないなか、手と足、今ある道具類を活かし、数値と現場を念頭に、知恵と工夫で生き抜く。小さなお客様を大切に、密着した御用聞き商売で活動した。喜んで応対する。小さく生んで大きく育てる。おかげさまの気持ちで、結果を過剰に期待せず、日々一生懸命、ひたすらに働くことにした。

無心に汗をかいて、人を喜ばす。それが「人生最高の幸せ」であると思う。

副社長の役割

㈱日興商会　代表取締役社長　藤《ふじ》縄《なわ》修《しゅう》平《へい》

「副が取れたら、社長である」

リーマン・ショックの影響がまだ残る大変厳しい時期に、私は三十一歳で副社長に任命されました。その際、当時社長であった父に言われたのが先の言葉です。

今の私があるのは、この言葉の真の意味を理解し、私の座右の銘である「できないなりに、やれることはある」の精神で周囲の皆さんと一緒に取り組んでこられたからだと感じています。

ただ、副社長に就任した当時の私の受け取り方は、「恐怖」という言葉がピッタリだったと記憶しています。その意は、不測の事態も含めて、社長に何かあった際にその代わりが務まらなければならない、ということです。

社長という役割には実務はあまりないように思われがちですが、実際は社長でなければできない、社長がやらなければならない実務は数多く存在します。代表的なものは、株主総会の議長や経営方針・事業計画の策定と説明、そして、社の代表としてのステークホルダーとの対外的な関わりなどが挙げられます。そのすべてに共通して必要なことは、「自社の状態を常に正確に把握し、理解している」ことだと思っています。

当時の私は知識も経験もないなか、とにかく万が一のときに代理が務まるよう、「私がやるとしたら……」「社長ならどうやるだろうか」「これで合っているだろうか」という自問自答と事前準備をやり続けることになりました。幸いなことに、五年間の副社長在任期間において代理を務めるような機会は訪れず、毎年の株主総会では社長が出席された（会が始まった）瞬間に、安堵の気持ちが湧いてきたことを強く覚えています。

その後、私は三十六歳で三代目として社長のバトンを引き継ぐことになりましたが、実際に社長の実務を担当する立場になって初めて気づいたことがあります。それは、五年間ずっと自問自答と事前準備を続けてきたことで、もちろん問題は多々あるものの、意外とすんなり社長の実務をやっている自分がいたことです。恐怖が感謝に変わった瞬間でした。そして、自分のなかで少し自信がついた瞬間でもありました。

あのときの「副が取れたら、社長である」というひと言が、今でも私の心の支えになっています。ありがとうございました。

人は理屈じゃ動かない

日清紡ホールディングス㈱　代表取締役社長　村《むら》上《かみ》雅《まさ》洋《ひろ》

一九〇七年に綿紡績の会社として誕生した日清紡は、百十五年の時を経てエレクトロニクス事業の会社へと変貌した。歴代の経営者たちが、変化を恐れず、時代の先を読みながら異業種事業を取り入れて団結させ、人と事業を育ててきた結果である。

入社して最初に任された仕事は、憧れの営業ではなく、工場に併設された女子寮の舎監兼企業内学園の責任者であった。寮生活を送る数百名の女性社員は皆、交代勤務制で働きながら学業にも励んでいたので、私の勤務時間はあってないようなものだった。

彼女たちの悩みを聞くのも大事な仕事だったが、つらさを乗り越えた先に明るい未来があるといった理想論を振りかざしたところで、誰も動いてはくれない。「どんなメッセージも、その正しさを支える魂の力、モラルの力がなければ、空虚な言葉の羅列に過ぎない」「理性で判断し、感情で行動するのが人間」「ご無理ごもっともで人は動かない。なるほどと腹に落ちて人は動く」ことを、このとき学んだ。

企業にとって大事なのは、常に変化することである。変化というものは呼吸するのと同じくらい自然なことであり、人や組織が成長している証でもある。大過なく仕事を終えるのが美徳とされた時代に育ちながらも、今は変化を厭《いと》わず、事業変革の旗を振っている。

しかし、この変革を遂行するのは働く仲間・人財である。なぜやるのか、やったらどんなよい事が起こるのか、丁寧に説明しなければならない。多くの人は変化を嫌い、心地よい安定を望む。このことを忘れずに、変化・変革により何を目指そうとしているのかわかってもらえるよう、努力を続けなければならない。こうした活動は安全衛生活動と同様、手間がかかるもの、手間をかけるものである。

現在、業務執行の責任者として事業変革を続け、企業グループを成長させる役目を担っているが、組織における役職はフィクションである。たしかに社長という肩書は重いものだが、決して人として偉いわけではない。また、激動の時代と言われるが、それはいつものことで、平穏な時代などない。新規事業の立ち上げに失敗した研究所時代の経験が、偉い人たちや権威者の意見を鵜呑みにせず、自分の五感で現場を確かめるといった仕事スタイルにつながっている。

人生は常に自己革新。志や目標を高いところに置けば、人生退屈している暇などない。

絆を深める〈変化〉と〈感謝〉

日東精工㈱　代表取締役会長兼CEO　材木正己《ざいきまさみ》

私は優れた経営を〈釣りの名人〉にたとえることがあります。釣りの名人はただ漫然と釣り糸を垂らしているのではなく、時間、気温、風、潮の流れなど、その時々の状況をしっかり把握して、それに見合った竿、糸、餌、仕掛けなどを選択しているわけで、言ってみれば常に目配り、気配りをしながら変化に対応しています。

私は日東精工というねじメーカーの経営に携わっています。ねじは〈産業の塩〉と呼ばれ、現代の暮らしには欠かせないもので、その起源はアルキメデスの時代、二千年以上前に遡ります。当時の発明が今も変わらず活かされているのは、大きな根本は守りつつも、常に世の中のニーズに合わせて対応し、変化を恐れずチャレンジしてきたからです。

一例として、当社は京都府、京都府立医科大学、富山大学他との産学連携で〈医療用の溶けるねじ〉の開発を進めています。現在は安全や性能に関する試験を積み重ねていますが、数年後に実用化となれば、患者さんの負担が大きく軽減されるねじです。このように常に時代の先を見ながら、皆様の幸せ、お客様満足度一二〇％達成を目指しています。

英語ではＷｉｎ－Ｗｉｎなどといいますが、私は〈幸せ経営〉〈絆経営〉といっています。企業ですから、成果をあげて利益を出すことが大事ですが、自分たちだけが儲かればいいということではなく、関わるすべての人、お客様、従業員、株主様、地域の人々が〈あーよかった〉と感じることができる、それが〈幸せ経営〉です。幼い頃、父や母から「悪いことをしたらお天道様が見ている。自分のことだけを考えていたらだめ」と口酸っぱく言われましたが、その言葉が今も体に沁みつき、私の心の支えになっています。

当社の企業理念を表す「我らの信条」は、〈感謝の心を仕事に活かして社会に貢献する〉で結ばれています。また、当社の人財教育をまとめた『人生の「ねじ」を巻く77の教え』（ポプラ社刊）の最後、七七番目は「ありがとうのチェックリスト」。叱ってくれて教えていただきありがとう、情報を届けてくれてありがとう、ほめてくれて元気が回復ありがとう、感動、感激させてくれてありがとう……「ねじ」さん、ほんとうにありがとう。

ありがとうは究極の合（愛）言葉。これからも、いろいろなありがとうをたくさん積み重ねていきたいと願っています。そして、ねじはモノとモノだけでなく、人と人をつなげる大切なものであることを発信し続けていきたいと思っています。

見えないない存在からのメッセージ

㈱日本レーザー　代表取締役会長　近藤《こんどう》宣之《のぶゆき》

私は五十歳のとき、経営破綻寸前からの再建を任されて当社に入り、上場企業だった親会社からの独立まで含めて三十年間、代表取締役として経営に携わってきました。幸い、債務超過の会社を社長就任一年目から黒字に転換して以来、三十年間、黒字経営です。

四十代の九年間は、親会社の米国現地法人に出向し、米国的経営を経験しています。グローバルビジネスを学び、英語力が向上したことなどが、その後の日本レーザーの経営に役立ったのはありがたいことでした。一方、二十代から三十代は親会社の労働組合で執行委員長を十一年間務めましたが、大量採用したところへニクソン・ショック、第一次オイルショックが重なり、結果的に正社員の三分の一に当たる一〇〇〇人以上が会社を去り、創業者は退陣。人を大切にする経営とは雇用不安を起こさないことだと痛感しました。

米国法人の支配人だった四十代後半、米ソ冷戦後の環境変化を受け、赤字を避けつつ人員整理を進めろとの指示を受けました。結局、米国人社員の二割削減を実施しましたが、私がビルと呼んでいた米国人博士との面接は非常に辛いものでした。彼は「日本企業は雇用を守るというから入社したのに、赤字になりそうだからといってレイオフをするのでは話が違う！」と泣いて訴えました。米国人に泣かれたのは駐在中、唯一の経験でした。

この経験から数年後、日本レーザーの社長となった私は、米国カリフォルニアで開催されたレーザーや関連製品の展示会に参加しました。その会場を歩いていると、思いがけず解雇したビルと再会したのです。一日で数万人も参加する大きな展示会、三十秒ずれていれば会うことがなかったはずです。今はドイツの精密機器メーカーで、同じ応用分野で自分の経験を生かしていると話す彼を見て、解雇した日のことがよみがえってきました。

再会当時、アジア通貨危機やロシアの財政危機が連続して発生し、当社の受注状況にも影響がありました。社長就任以来の連続黒字が維持できなければ、場合によっては早期退職制も……と私自身が揺れ動いていた時期です。そうした心の揺れを見透かしたかのように、過日のことを思い出させられたのです。帰国の機内では一睡もできませんでした。

目には見えない大いなる存在があるとすれば、この再会はそうしたサムシング・グレートがもたらした私へのメッセージだったのではないか？　以来、私は人を大切にする経営の基本は雇用であると信じ、絶対に雇用を犠牲にしてはいけないと心に誓っています。

1＋1＋1＝∞（無限大）

ニューワンズ㈱ 代表取締役 新《しん》庄《じょう》一《かず》範《のり》

第二次ベビーブームの頃、サラリーマン家庭に生まれた私は常に競争の波に晒《さら》され、負け続けてきた。高校・大学受験、就職活動は、悉《ことごと》く失敗した。世の中には「いくら頑張ってもどうしようもないことがある」と、半ば諦めの気持ちで青年期を過ごしていた。

一浪して第五希望の大学に入学した私は、「一緒に日本一にならないか？」と声を掛けられ、未経験の男声合唱団に入部した。当時、全日本合唱コンクールで十年連続金賞を逃した「京都産業大学グリークラブ」の先輩方は、「必ず金賞に返り咲く！」と本気だった。私たちは「限りない可能性と発展へのチャレンジ精神。一人ひとりの音楽づくり」というモットーを掲げて日本一を目指し、毎日毎日、一〇〇人で歌い続けた。そして、幸運なことに私は大学四年間、毎年「金賞」を受賞、日本一も経験させてもらった。

その後、就職氷河期でなかなか内定をもらえなかった私は、「四十歳までに独立したい企業家求む！」という言葉に惹かれ、無名の経営コンサルティング会社に就職した。入社直前に店頭公開したこの会社はどんどん成長し、五年後に東証一部上場。入社同期はみんな優秀で、早々に独立起業する者、最年少役員、子会社社長になる者もいた。

多少の嫉妬心や焦りもあったが、地道に目の前の仕事に取り組んでいた私は、三十歳のとき、自社主催の大商談会の事務局長を任された。事務局長になって三年目、社員や関係業者含め一〇〇〇人以上で創り上げるこのイベントは、全国一八〇以上の地銀、信金、信組の協力のもと、全国展開したい中小企業一〇〇〇社以上が出展し、三万人以上の方々にご来場いただいた。そして、同種の商談会で出展社数日本一と呼ばれるようになった。

三十六歳のとき、父が二度目の脳梗塞で倒れた。六十四歳の父は要介護認定を受け、その一年後に認知症を発症。初めて介護の世界を知った。ちょうどその頃、独立起業を考えていた私は、「父が利用したい介護サービス」を目指して、たった一人で開業した。創業十五年目の今は一五事業、一八〇人の仲間と一緒に「認知症を希望に変える」というビジョンを掲げ、「二〇〇九年認知症ゼロ社会の実現」を目指し、仕事をさせてもらっている。

私は一人では何もできないが、二十代、三十代で日本一を経験した。そして、「周りの人たちと心を一つにし、衆知を集めて一生懸命に取り組めば、どんな夢も実現できる」と確信している。私はこれを「1＋1＋1＝∞（無限大）」と呼び、わが信条としている。

歩くエコノミストに学んだ密なコミュニケーション

ネオデータ・ソリューションズ㈱　代表取締役社長　藤澤《ふじさわ》史朗《しろう》

十年ほど前、神戸の経済団体が開いた流通経済セミナーに参加した際、開演時刻となったものの、「講師の方が到着されていないようなので、しばらくお待ちください」との説明がありました。すると、最前列に座られていた白髪の方が「はい、来ています」と声を挙げました。それは、日本を代表する経済学者であり、東京大学大学院教授の伊藤元重先生でした。余裕を持って早めに会場に到着し、時間待ちをされていたそうです。

一時間半ほど行われた講演の後、少人数での企業交流会に伊藤教授が出席されるとの案内があり、私は急遽参加を申し出て、伊藤教授から直接お話を聞くことができました。そのときは弊社の事業活動への具体的なアドバイスや、ご自身の調査活動のことなどを丁寧に説明していただきました。また、大学に出勤する際は新宿から駒込、本郷などのキャンパスまで沿道の変化を観察しながら歩かれていること、特に関心を傾けている会社には五〇回近く足を運ばれていることもうかがいました。「先生のようなお立場で、そのように都度、現場に足を運ばれるのはなぜですか？」。不躾《ぶしつけ》ながらお聞きしたところ、「好きなのですよ」と、微笑みながら端的に答えられたことを覚えています。

交流会の途中、神戸にある一〇名規模の卸業の方が海外の卸取引に関する話を始めると、伊藤教授は真剣に耳を傾け、細かい質問などをされていました。政府の諮問機関等でご意見番としても活動されている方が、誰に対しても真摯な応対をされている様子に感銘を受けたのと同時に、常に現場に足を運び、現場との対話を大切にされているその姿勢に、私は改めて現場訪問の大切さを学んだのです。

当時の私を振り返ると、現場に足を運んでの対話が常にできていたかと聞かれれば、不十分だったと言わざるを得ません。特にビジネスにおいては、直接の対話不足がいらぬ誤解を招き、相互の信頼関係に影響することがあります。頭ではわかっているつもりでも、実践となるとメールや電話に頼ることが多かったと反省しています。

伊藤教授と出会って以降、直接の対話を徹底すべく、お客様や取引先、社員との密なコミュニケーションを心がけるようになり、そのおかげで意思疎通が良化したように感じています。ここ数年は新型コロナの影響もあってリモート設備に頼りがちですが、基本に立ち戻り、対面での密なコミュニケーションを心がけたいと思う今日この頃です。

社員が幸せな会社

ネッツトヨタ南国㈱　取締役相談役　横田英毅《よこたひでき》

まだ私が学生の頃の話です。大変有能だと親戚の間で評判の社長がいました。私の祖父がその社長を抜擢《ばってき》し、父の姉が嫁いだこともあり、その人の家をよく訪問していました。仕事熱心な社長は、休日も書斎で大きな方眼紙に経営指標を何十本も書き込み、グラフにしていました。私はただ横に座って見ていました。すると、退屈してきた私を見て、社長は言いました。「会社というのは、損益計算書と貸借対照表の両方を見て経営がなされている。ほとんどの経営者や株主はそれを一番重視しているし、銀行も主にその二つを見て融資するかどうかを決めている。だけどね、一番大切なものが抜けているんだよ」。そこまで言うと、社長は「なんだと思う?」という表情をして、しばらく黙りました。

少し間をおいて社長は続けました。「それはね、そこにどんな人たちがいて、何を考えているのか、これから何をやろうとしているかということだよ。決算書は数字になっているし、目で見てわかるものだけど、目に見えないもののなかに大切なものがあるんだよ」。とても印象的だったので、その光景は今でも鮮明に覚えています。

会社に勤め始めてからも、この出来事は常に頭のなかにありました。そして、自社だけではなく他社を長年観察するうちに、たしかにその通りだなと思うようになったのです。

ここ数十年の経済最優先の社会のなかで、多くの会社はいつの間にか、業績という目に見える結果ばかりを追い求め、働く人々も待遇改善を追い求めるようになってきました。その結果、働く人々が不幸になってしまったように感じます。

「目に見えない大切なことを大切にし続ける組織づくり」をしよう。三十七歳で一つの会社を任された私は、全社員が理想（あるべき姿）に向かって働きがいを感じながらチャレンジし続ける会社こそ、社員が幸せになる会社だと考えました。それは、全社員が良い価値観を共有し、コミュニケーションとチームワークが活発な組織です。

「やりがいはないが、給料のために歯を食いしばって頑張ろう」と働く組織よりも、「やりがいもあるし、仲間とチャレンジできて楽しいから頑張ろう」と働く組織のほうが、結果的に業績もよく、目に見えないものと見えるものの両方を、しかも持続的に得られる。これが世の中の道理だろうと、長年の経験から私は実感しています。

見えない質のなかにこそ、いちばん大切なものが隠されているのです。

人と地域に支えられて

㈱能作　代表取締役会長　能《のう》作《さく》克《かつ》治《じ》

「あんた、よく見なさい。勉強しなかったら、こういう仕事をすることになるよ」

今から四十年近く前のある日、耳にしたこの言葉が、私の人生を奮い立たせました。

わが社は、鋳物のまちとして四百年以上の歴史を持つ富山県高岡市で、一九一六年に創業した鋳物メーカーです。伝統産業特有の分業制の下、真鍮《しんちゅう》製の仏具や茶道具、花器などを製造し、問屋に納めてきました。そんな地方の下請け工場が、オリジナルブランド製品の開発へと舵を切り、世界初となる「錫《すず》一〇〇％」の製品づくりに着手し、現代のライフスタイルに適う製品を展開するようになったきっかけが、この心ない一言でした。

当時、私が鋳物職人として現場で精を出していた頃、地元の女性が小学校高学年の子どもに工場を見学させたいと訪ねてきました。珍しい訪問者に私は嬉しくなり、張り切って鋳物づくりを見せていると、その方が息子さんに先の言葉を投げかけたのです。地域で四百年以上にわたって大切に育まれてきた伝統産業を、なぜ地元の方が誇りに思わないのかと、私は強い衝撃を受けました。そして、このとき私は「鋳物職人の地位を取り戻す。そして、地域の伝統産業を地元の方が誇りに思い、未来を担う子どもたちが自分の生まれ育った地域を誇れるようにする」と決意したのです。

伝統産業に対する偏見を払拭するためには、職人の技術を見てもらうことが一番だと考え、地元の小・中学校を中心に「見学に来てください」と声をかけ、積極的に工場見学を受け入れてきました。今では国内外から年間一三万人が訪れる産業観光事業に成長し、富山県の観光拠点としても評価していただけるようになりました。

「人と、地域と、能作」。これは、わが社の新しいタグラインです。製品やサービスを通じて、お客様や富山県の皆さんに喜んでいただき、地域創生に尽力したいとの思いを込めています。創業以来、わが社は高岡銅器という地域の伝統産業を根源に、高岡で培われてきた職人技術を磨き、大きな誇りとして大切に伝承してきました。そして、この伝統を百年先へつなぐべく、新たな製品づくりや事業展開に挑戦してきました。私たちの挑戦の背景には、地域の歴史と伝統があり、常に地域の方々の支えがありました。

人と地域に支えられ、今がある。すべての人に対して親切に、誠実に向き合い、感謝を忘れないことが私の信条です。

傷があるから優しく強くなれる

ノノヤマ洋服㈱　代表取締役社長　野《の》々《の》山《やま》雅《まさ》博《ひろ》

三歳の頃、心臓を手術しました。両親は創業した学生服屋が多忙で見舞いに来られず、病室に一人でいたことを覚えています。学校ではマラソンを控え、胃腸が弱く痩せた体や手術痕を見られたらという劣等感を抱え、心臓が止まるかもと悪いほうに考えが巡るばかり。父の仕事もあり、目立ってはいけないといつも自分にブレーキをかけていました。

学生服の販売は、入試・入学準備の三月に集中します。学生時代、三月は朝六時から翌三時まで手伝いをした日があります。この仕事でご飯を食べさせてもらっている。自分がやらなくてはと思いました。

変形学生服が流行した三十、四十年前、愛知県内で唯一、変形学生服を取り扱わなかった父親を尊敬しています。私自身も数年前、短いスカートを買い求める親子に、何時間もかけて正しく着ることを勧めました。服装は心の成長を映す。生活のオンオフ、社会のマナーを身につけるものだから。「こんな店には二度と来ない！」と捨て台詞《ぜりふ》を言われたこともありました。ただ、この営業姿勢が信頼につながり、今では愛知県下一五〇校の学校様の制服・体操服を販売しています。リーマン・ショック時、仕入先の鞄屋が突然倒産。商品を差し押さえられました。入学式直前の納入二週間前、七つの学校の新入学生分です。もう損得ではない。信用が第一。寝ずに駆けずり回り、全員分を納入できました。

特別支援学校の制服も扱っています。長女は生後すぐに吐血し、小児専門病院に緊急入院。病棟には障がいのある子がたくさんいました。特別支援学校の制服は、少量で、サイズ合わせなどに手間がかかり、同業者は手控えていました。それでも、制服は「みんな仲間だ」との思いを育んでくれるもの。うちの子も障がいを抱えていたかもしれない。周りから「やめておけ」と言われるなか、自分がお役に立てるならとの思いで取り扱うことを決めました。その思いは口コミで広がり、現在は県下一二校に納入しています。

少子化のなかで家業を継ぐならば、変化し続けなければ売上減少につながります。私が社長になり、変わり続けることで県下の生徒数半減という状況でも売上は倍増しました。「置かれた場所で咲きなさい」。今ではこれが天職と思い込んでいます。制服は三年間、肌に触れ、汗も涙も黙って吸ってくれるもの。成長を分かち合う一番近い友達であり、命の服です。私に傷があったからこそ、そう思えるようになったのかもしれません。

一歩、踏み込む

萩原工業㈱　代表取締役社長
浅野《あさの》和志《かずし》

どちらかと言えば不真面目だった大学三年生の頃、鬼教授と恐れられていた教授がいました。その教授の授業は、課題に対して自分で実験方法を考え、答えを導き出すまで帰れないため、一刻も早く遊びに行きたかった私は何かヒントをもらおうと、思い切って鬼教授に質問をしました。案の定、「自分で考えろ！」と怒鳴られましたが、いくら考えても糸口がつかめません。遊びに行きたい一心だった私は、誰もが質問をためらい、黙々と実験を続けるなか、タイミングを計りつつ質問を続けました。すると、最後は鬼教授も呆れ果てたのか、いろいろ答えてくれるようになり、遊びに行くことができたのです。

その鬼教授はよく、「若い時の苦労は買ってでもしろ！」と学生を諭していました。当時の私は「苦労なんて絶対買いたくもないし、できるだけ苦労は避けて楽をしたい」と思っていましたが、今、社会人としての人生を振り返ってみると、この言葉の意味が本当によくわかります。

人生ではたくさんの「苦労」が目の前に現れます。すると、大半の人は苦労から逃げようとします。しかし、逃げようと言い訳ばかりして苦労を避けるほど、周りに苦労が増え続け、一生苦労から逃げ回ることになります。反対に、思い切って苦労のなかに一歩踏み込んでみると、苦労だと思っていたことが実は自分が勝手に決めつけていただけで大した苦労でないことがわかり、それを乗り切ることで周りから苦労がなくなり、何にでも前向きに挑戦できる人間になっていきます。仮に、苦労に挑戦して失敗しても、その後悔は日に日に小さくなり、逆に挑戦しなかったときの後悔は日に日に大きくなるはずです。

鬼教授には卒業後も時々会いに行きましたが、そのたびに「苦労を買っているか？」と聞かれたものです。入社して数年後、開発職から事務職に異動となった際も鬼教授の言葉を思い出し、未経験の部署への異動を苦労と思わず、一歩踏み込んで挑戦を続けた結果、仕事の幅も大きく広がりました。今思えば、動機はともかく、あの実験の授業で鬼教授に質問をしたことも、一歩踏み込んだことになるのかもしれません。すでに鬼籍に入られましたが、教授は間違いなく私の人生の師です。

これを読まれている方々もぜひ、自分が勝手に決めつけている苦労に一歩踏み込んでみてください。人生が大きく変わるはずです。

自然に逆らいなさんなョ

秦建設㈱　代表取締役　秦《はた》　啓《けい》一《いち》郎《ろう》

表題は父親から授かった人生訓です。思い込んだら向こう見ずな息子に、遠回しにかけてくれた言葉でした。父を見送って早《はや》十二年。今頃になり、その心が理解できそうな気がしています。人生、思う通りにならないことが次々と出てきます。しかし、思う通りにならなかったことのほうが、最後は「良かったァ」となることが多いかもしれません。

先日、「岡山市内にある準一等地を買わないか」との仲介を受けて、一番の高値で買い付けました。分譲地とするには地形も良く、立地も良い。これは高く売れると思っていたところ、別の売地の仲介を受けました。こちらもまた優良物件。新しい物件を買うため、先に買い付けた準一等地を担保に入れて資金確保するべく銀行に申し込みをしたところ、融資を断られました。理由は、売買契約書の特約事項欄の土地利用の目的に「自社マンションを建てる」と記してあったから。仲介業者が憶測で記入したことでした。

私は途中で気づきましたが、買ってしまえば自分の土地、何をしようが他人様から制限を受ける筋合いはないと思っていました。何ともならず困りましたが、その後、銀行の入れ替わりなど次々と場面が変わり、新しい物件の買い取りが叶い、さらに準一等地には自社マンションを建てることができました。これで自社所有マンションは四棟目となりました。貸室は九八室。年に九〇〇〇万円程の家賃収入があります。

どのマンションの建設時も「成るように成る」結果となってきました。どれも目的に向かって一直線とはいかず、遠回りをしました。今回の四棟目のマンション建設も、契約書を無視して自分の思うままに分譲地にしようとしたら、銀行に融資を断られたことが思わぬ自社マンション建設に結びつき、さらに別の優良土地の取得にもつながり、融資を断られた銀行とも以前にも増して良好な取り引きが増えました。まるで、水が高きから低きに流れるように、自然に成るように成ってきました。

いつも逆らってばかりいるような仕草をしても、思うようにならない思いをしても、いつの間にか一番良い形に収まっている。自分では気づかないうちに、最も良いと思える結果が積み上がっています。何か大きな力が導いてくれていると思えるようになってきました。思い通りにならないことも、素直な心で思い続けると「成るように成る」。それが自然の意志である、と。

感謝を口にし、人との縁を活かす

ハッピーファミリー㈱　代表取締役会長　中村《なかむら》　學《まなぶ》

私はマツダの整備工として受付業務を担当していた二十一歳のとき、運命的な出会いをしました。ある日、大阪で大手不動産会社を経営するT社長の外車が、私の工場の前で身動きがとれなくなっていました。すぐさま工場に入庫してもらい、整備をしましたが、ポイント調整をしただけでエンジンがかかったため、代金をいただくことなくお見送りしました。翌日、車の調子が気になってお電話をしたところ、T社長は「自社とは関係のない車を無料で整備した上に、アフターフォローまでするとはなぜだ。私はお前という人間に興味がある」と言われ、そこからT社長とのお付き合いが始まったのです。

毎週、社長主催の勉強会に招かれ、独自のイズムを数年にわたり学びました。以降もT社長が七十八歳で現役を退かれ、他界されるまでかわいがっていただき、親戚以上の付き合いをさせてもらいました。今も胸に響く教訓がたくさんあります。「何もしなければ、何も始まらない」「ポジティブな言葉を使い、即行動する。すなわち積極人生で生きて、初めて人の上に立てる人間になる」などです。私は、感動のうちにそれらを訊いては、一つずつ実践し、良い成果が出ると必ずT社長に報告したものです。

人との応対や電話の受け答えでも「ハイ、ありがとうございます」と、よく通る大きな声で話すように心がけ、人に会うと必ず両手で相手の手を強く握って握手します。そのとき、ニコッと笑うわけです。また、人の良い面を意識的に吸収し、良くない面は自分の行動を省みる砥石にしました。その結果、二十八歳という若さでマツダ全工場でトップの営業実績を上げることができました。もともと整備工だった私が、一番実績の上がらない営業所を立て直すことができ、工場長にも就任しました。

さらに、私はT社長の後ろ姿を見て「自分もリーダーになりたい」と強く憧れ、ハッピーファミリーを創業しました。新大阪の地で従業員八名からスタートした弊社は、おかげさまで創業四十二年を迎えました。「すべての始まりは己に勝つことと己を磨くことより始まる」。この言葉が私の生涯のスローガンです。美と健康をテーマにした、人と人との縁を大切にする人脈ビジネス。本音と建て前を使い分けず、いつも全力投球！

私と出会ったすべての人が物心ともに豊かさを実現してほしいと願い、今も「ありがとう」を先に口にし、人と人との縁、絆をいちばん大切にしております。

己が踊らずして人が踊るわけがない

パナソニック ハウジングソリューションズ㈱ 代表取締役社長執行役員 山田昌司《やまだまさし》

私は一九八三年、当時の松下電工に入社し、二十代後半から三十代半ばまで研究所で開発業務、その後は工場建設～量産立上げ・製造まで一気通貫のものづくりを経験した。その過程で、会社人生における仕事と向き合う価値観の核が無意識に醸成されたのである。

研究所から工場建設の期間は生産技術、量産化では製造技術、そして製造へと職種が移り変わり、自分のなかでも切り替えの難しさに翻弄されていた。研究所では技術スキル、知識ベースで仕事をさばいていたが、チームワークがベースとなる現実のものづくりはそんなもので成せるわけがなく、その狭間でもがいていたことを今も思い出す。

こうした状況下にあった私を一喝してくれたのが、当時の製造部長であった。見抜かれていたのだろう。私が頭だけで仕事をし、そつなく仕事をさばこうとしていたことを。そのときに掛けられた言葉が「己が踊らずして人が踊るわけがない」であった。当時は「何を言っているのか？」と憤慨したことを覚えている。しかし後日、冷静になって言葉の意味を考えたとき、それまで感じ得なかった自分の姿が見えてきた。

私は仕事に志や情熱、成し遂げた先に見えるものを心に持って仕事をしていなかった。そんな人間の言うことに、人が共感し、共に苦労しようと思ってくれるはずなどないのである。あらためて周りの人たちを見回してみると、それぞれが仕事に想いや情熱を持って取り組んでいることに気づいた。部長は私に対して「仕事に対する想いが感じられない人間と、苦しく難しい仕事を共に進めてくれる人はいない」と教えてくれたのだ。

まずは自分自身が仕事を好きになり、想いや情熱を持って向き合っていなければ、周囲の人が自分以上の何かを与えてくれることはない。まさに、自分がどれだけ本気で〝踊っているか〟を見てその熱量を感じ取り、それによって人は共に踊ってくれるのだと。先の言葉は時代や職位が変わろうとも不変の道理であり、以来、私の信条としている。

経営者となった今、事業経営における答えは一つということは少なく、絶えず選択の決心が必要になる。心を決める際、他責で出した答えには経験上、成功はなかった。一方、自らが信じて本気で踊り、共感を得て成した仕事は、成功まではいかずとも組織や自分が成長する糧となってきた。仕事とはまず自分が思いを込め、懸命になり、そのひたむきな姿に人が共感し、自然と皆が踊り、成果が得られるものだと考えている。

今、自分にできること

㈱春野コーポレーション　代表取締役　鳥《とり》居《い》英《ひで》剛《たか》

私が父の会社に入社してから今まで、危機の連続だったように感じています。「安心して一年間過ごせました」と言えるときはなかったように思います。そんな弊社が今まで事業を継続することができたのは、多くの人たちと出会い、助けられたからだと思い、日々感謝しています。

私が社長に就任したのは二〇一一年、三十一歳のときでした。当時は薄利で、経営内容がとても厳しかったことに加え、社員との溝もあり、どのように会社を継続・成長させていくのか、その答えを求めて日々悩み、迷走していました。

そんなある日、インターネットで松下幸之助経営塾の存在を知り、苦し紛れの気持ちで入塾しました。経営塾のお陰で社員との溝は埋まったものの、私自身の経営の根幹とするものが依然として定まらず、その後も危機の連続は変わりませんでした。

それでも、時々の体験をもとに考え方を少しずつ改めたことで、危機がチャンスに変わるようになっていきました。危機のときは気が焦り、あれこれと余計なことを考え、悪い結果ばかりを想像してしまいます。そんな不安定な精神状態では、良い結果を出せるはずもなく、危機が危機のままだったことが多かったと感じます。

しかし、問題の本質をしっかりと分析・把握し、「自分にできないこと」は諦め、「自分にできること」だけに集中すると、気持ちにゆとりが生まれ、良い結果を残すことが多かったと感じます。そこから私は、危機のときこそ「今、自分にできること」に集中し、焦らず問題を解決していくことを心がけるようになりました。

今の私は、想定外の危機に巡り合うことが、会社、社員が成長できる絶好のチャンスだと感じられるようになりました。私一人だけでは危機を乗り越えることができなくても、今の私には信頼できる社員がいます。助けていただける心強い仲間がいます。

今後も多くの危機が訪れると思いますが、そのすべてをチャンスに変えるべく、「自分にできること」、そして「今、自分にしかできないこと」を必死に行い、できないことは社員や仲間に頼っていこうと思っています。

正直・迅速・正確

ひだまりほーむグループ　㈱鷲見製材　代表取締役社長
石橋常行《いしばしつねゆき》

社会に出て最初に出合った言葉が、私の人生にとって大切な言葉となった。それは、当時の上司が口にしていた「正直・迅速・正確」である。新人だった私は、その真の意味を理解していなかった。というよりも、当時はそんなことは当たり前だと感じ、少々斜に構えていたところがあったように思う。

新人の頃は怖いもの知らずで、ただ生意気な小僧であった。自分は何でもできる、自分は能力が高いと錯覚をしていた。しかし、根拠のない自信は、しばらくすると大きく崩れ去っていくこととなる。世の中には優秀で、できる人が多くいる。そんな現実を知り、謙虚という言葉を知るのは、もう少し後の話。

生意気で根拠のない自信家だった新人は、一つの過ちをおかす。住宅の営業職に配属されて数カ月後、気の緩みから商談予定だったO様との打ち合わせを面倒に感じ、私のほうから一方的にキャンセルの電話を入れた。O様にはそれなりの理由をつけて説明したが、人生経験の豊富なO様から見事に見抜かれ、電話口でこっぴどく叱られてしまった。そのときに言われた「君を待っている人がいるんだ」という言葉が、今も耳に残っている。

すぐに車を走らせ、約束の時間から遅れること一時間後。恐るおそるO様宅の呼び鈴を鳴らすと、思いがけず、O様はくしゃくしゃの笑顔で出迎えてくれた。心からの申し訳なさと嬉しさが交錯し、なぜかホッとした。ここに至って私は初めて、自分のおかした過ちの大きさと自らの愚かさを知ることになった。

住宅は大変高価な買い物であり、お客様はそこにさまざまな思いを込める。O様とのやりとりを通じて、この仕事が担う責任の大きさや意義深さを知り、お客様に対して真正面から向き合い、逃げないと心に刻んだ。そこから私の仕事のスタンスは明確に変わった。常にお客様を中心に置き、新人の自分が今できることを考え、実行していった。

あの日から二十五年以上が過ぎた。根拠のない自信は脆《もろ》い。積み上げてきた自信は強固である。今でもO様を思い出すことがあり、そのたびに「自分に正直であったか？　迅速であったか？　正確であったか？」と自問自答する。O様の愛を持ったお叱りと、上司の三つの言葉により、私の仕事人生は大きく変わった。まさに、おかげさま。今度は私が若い人たちに、正直であれ、迅速であれ、正確であれ、と伝えていく番である。

自分のことで悩むな、苦しむな

人の森㈱　代表取締役社長
加《か》藤《とう》政《まさ》徳《のり》

二〇一〇年八月に妻を亡くした。八年五カ月間の闘病の末の死別だった。

この八年余りの時間で、妻が亡くなる覚悟はできているつもりでいた。ところが、いざそのときを迎えると、想像をはるかに超えた悲しみ、胸が引き裂かれそうな苦しみが襲ってきた。その苦悩はしばらくしてからも収まらず、心が深い暗闇の奥底に落ちていくような毎日が続いていた。

そんなある日、松下政経塾の塾生だった頃、塾頭としてご指導くださった上甲晃さんが「奥様にお線香をあげさせてください」と、わが家にお越しくださった。妻の遺影の前に背筋をピンと伸ばして座られ、しばらくの間、手を合わせ、静かに妻の冥福を祈ってくださっていた。

お焼香が終わり、まだ幼かった娘が慣れない手つきで淹れたお茶に口をつけられた後、私に「加藤君も大変だったな。さぞつらく、苦しかっただろう。でも、安心しなさい。あなたの苦しみ、つらさは五十年、百年経ったら誰も覚えていないから……」と言われた。

ご愁傷様でしたと慰めの言葉をいただけるのかと思い上がっていた私は、「安心しなさい」と言われ、何か突き放されたような気がした。

その日、日が暮れて辺りが薄暗くなるまで、「安心しなさい」の意味を考えていた。やがて、塾生だった頃、上甲さんに「自分のことで悩むな！　苦しむな！」「人のこと、世の中のこと、社会のことで悩め！　苦しめ！」と言われ続けていたのを思い出した。

それからしばらくして、妻の死はいくら悩んでも仕方のないことだ、受け入れるしかないと思えるようになってきた。そして、悲しさを味わいながらも、人のこと、世の中のことを考えていると、なんだか自分が以前よりも少し優しくなったような気がしてきた。

すると、不思議なことに、それまで考えたこともなかったような思いが湧き上がってきた。自分のつらさは、時間が経てばなんとかなると思えるようになってきたのだ。

それ以来、困難に出会うたびに私は、「自分のことで悩むな！　苦しむな！」という言葉を思い出している。

人生、苦しい時こそのぼり坂

㈱ビューティサロンモリワキ　代表取締役会長　森《もり》脇《わき》嘉《よし》三《ぞう》

企業には大きく変化（転換）する時があります。中小企業の場合は、大きな困難と遭遇し、経営者の考え方が大きく変わることで、会社が大きく変化していきます。

現在のモリワキの企業風土ができたのは、今から二十年前、モリワキが最高売上を上げて、順調そうに思えた時でした。その時に、大きな落とし穴がありました。

①お客様とのトラブルがあり、一〇〇万円ほど保障する事例が一年に三件続きました。

②四年目のスタッフが次から次へと退社し、八カ月間で一三名から四名になりました。

③社員寮で大きな事故が起こりました。

さすがにこれでは会社がダメになる、社長自身が変わらなければと思い、積極的にセミナーへ参加したり、本を読んだり、素晴らしい方との出会いをいただいたりすることで、社長自身の考え方が大きく変わりました。その時に学んだことは次のようなものです。

①拡大させることよりも、まずは内部充実。

②「戸が笑う店づくり」

お金は必要だが、目的にしてはいけない。売上が上がった、下がったことで一喜一憂するのではなく、「お客様に本当に喜んでいただいているかどうか」「スタッフが健康で、のびのび働けているかどうか」を、お店で一番に点検する。

③物事の判断基準は、損得ではなく、人の喜ぶことをする。迷った時は、損することを恐れないで、信用を選ぶ。

同じ頃、伊那食品工業の塚越寛会長（現最高顧問）との出会いをいただきました。塚越会長のご著書『いい会社をつくりましょう』のなかで印象に残っている言葉は、「会社は、まず、社員を幸せにするためにある。売上を増やすのも、利益を上げるのも、社員を幸せにするための手段に過ぎない」「会社が成長するというのは、社員が『以前より快適になったな、前より幸せになったな』と実感できること」。

私はこれらの言葉に衝撃を受け、これだと確信しました。そして、ここから現在のモリワキの理念「やさしい会社をつくりましょう〜一人一人をたいせつに〜」ができあがり、社員を家族のように考えながら、より良く働ける環境を徹底的に整えていったのです。

私はこれからも「社員が、日本一しあわせを感じる会社」を目指します。

命まで取られるわけじゃない

福山自動車時計博物館　館長　能宗《のうそう》　孝《たかし》

「苦労は買ってでもせよ」というのが能宗家の家訓だった。昭和三十七年、中央大学商学部夜間部に入学した。四時までは九段上のインド大使館に勤め、五時から小川町の大学へ毎日通った。三年になり、私費留学生試験に合格して、米国カンザス大学の三年に転学した。

自分の発する英語の発音がおかしいと言われる。トゥエンティーワンではなく、トゥエニーワン。ブレッドアンドバターではなく、ブレデゥンバター。大いに戸惑った。

夏休みに入り、ハドソン川沿いのカイロという避暑地で二カ月のアルバイトをし、残りの一カ月は旅行した。住んでいたローレンス市まで無事に帰ってきたが、休息を一切取らず、友人の家まで向かい、一日中話していた。夜になり、目は見え、耳は聞こえるのに、両手両足が動かない。呼吸もしにくく、心臓が止まりそうで、救急車で病院に入院した。

翌日には回復したが、そのショックで眠れなくなり、ひどい便秘にもなった。考えてみれば疲労と睡眠不足で、今でいうところの過呼吸症候群だったと思う。追い打ちをかけるように、祖父の会社の倒産と姉の離婚の知らせが届いた。このまま自由に留学を続けていいのか、不安が募る。大学の成績も体調の悪化につられるように不振を極めた。

追い詰められた私は、父に相談のエアメールを書いた。ほどなく父から返事が届いた。

父は日中戦争に従軍した際、敵に撃たれて動けなくなり、助けが来るのを待っていた。中国兵が来れば殺され、日本兵が来れば助かる。極限状態で丸一日を過ごしたという。それに比べれば、私の抱える問題は大したことではない。留学を途中でやめて帰ってきても何も問題ない。返信にはそう綴られ、「命まで取られるわけじゃない。心配するな！」と結ばれていた。そのひと言で肩の荷がスッと下りた。燻《くすぶ》っていた何かがポンと弾けた。

結局、私の留学という挑戦は一年半で終わり、帰国した。

後に家業を継ぎ、自ら興した不動産賃貸事業を伸ばし、福山自動車時計博物館を開く。何度もピンチに遭遇したが、亡き父の言葉を思い出すたびに強い気持ちになれた。

挑戦とは失敗するためにある。何度も失敗して、落ち込んで、それでも諦めずに挑戦すれば、後に大きな財産になる。失敗しても「命まで取られるわけじゃない」。

今は、事業を引き継ぐ息子やスタッフにも折に触れて言い伝えている。

経営の枠組みが形成されるまでの背景

㈱フーゲツ　代表取締役社長　千葉《ちば》　智《さとし》

当社は新潟県小千谷市片貝町に位置し、当地は錦鯉の発祥の地、魚沼産コシヒカリの産地、小千谷縮《おぢやちぢみ》、牛の角突き、世界一の四尺玉花火で有名である。創業は一九五三年、当時は貼り箱と呼ばれる高級箱を作っていたが、その後、工業用包装へ事業転換し、現在は段ボール・プラ段・気泡緩衝材といった包装資材等を製造する社員五〇人弱の会社である。

この地に私が移住してきたのは、一九九六年十二月の暮れだった。それまで約八年間、英国ロンドンで日本の某大手スポーツメーカーの子会社の社長をしていたが、妻の父が経営していた段ボール屋の跡取りがいないこともあり、転職してきた次第である。

表面的には温かく迎えられたが、水面下で上級幹部らが別会社の設立を計画し、優良顧客も引き抜いて当社を倒産させる動きが、入社して一年後に発覚した。結果として売上高は二〇億円から一三億円まで急落し、借金は年商並みに膨らみ、倒産の危機に直面した。

社内では私の入社が上級幹部らの離脱を招いたと噂され、孤立無援に追い込まれた。何とかせねばと、残った社員と対策を検討したくても耳を貸してくれない。危機感のなさにも腹が立ち、教育で社員を変えなければと思ったが、状況は悪くなるばかりだった。

しばらくして、「相手を変える前に自分が変わらなければ」と気がつき、改めて経営を一から勉強し直し、経営理念について徹底的に考え、ドラッカーマネジメントの実践等を試行錯誤しながら数年間続けた。主な取り組みは、ＩＳＯマネジメントシステム、改善活動、モノづくりの基本再構築のためのＴＰＭ活動、ＴＯＣ生産方式、経営品質向上プログラム、倫理経営等の導入であり、これらを統合して現在の経営の枠組みができた。

その結果、入社から十年後、売上高は約一一億円まで落ちていたものの、過去最高益を計上することができた。その後も過去最高益の更新は続き、昨年は社員に過去最高額の賞与も支給でき、今年はさらに増額する予定である。また、社外でも経営品質賞、「日本でいちばん大切にしたい会社」大賞、リサイクル優良事業所等の賞をいただくことができた。

金を残して下、仕組みを残して中、人を残して上――。何もなかったところから、現在は人を残す活動、別な形では良い社風づくりに腐心している。これまで当社を支えてくれた先人、先輩、社員たち、仕入先、お客様、地域の方々に感謝の気持ちを形にして表していくことを誓いながら結びとする。

プロ中のプロを目指して

藤井電機㈱　代表取締役社長　藤《ふじ》井《い》洋《よう》平《へい》

三十数年前、私は自分で選んだ鉄の会社に就職をした。入社式後の集合研修、社会人になったという新鮮な気持ち、これから始まる生活への期待と不安が入り混じっていた。

最初の講師は営業系の次長か部長くらい、経験豊富そうで、どこか優しさを感じる方。ていねいな講義のなかで今も覚えているのは、その方がホワイトボードに書いた「プロ中のプロ」という言葉。おおよそ、次のようなことを言われたと思う。

「社会に出て働くからには、ぜひ、プロ中のプロを目指してください」。さらに、「皆さんが考えるプロってどんな人ですか？」。さまざまな意見が出尽くした頃、「それでは、プロ中のプロってどんな人でしょう？」とたずねられた。静まり返った教室のなかで、講師の方は次のようなお話をされた。「不断の努力を続け、仕事だけでなく、人間的にも人から尊敬されるような人物。そして、人が期待したときに、期待以上の結果を出せる人、出し続けられる人」。この日以来、人生の節目に必ず思い出す言葉となった。

五年後、親の体調などの関係で、意図せず、まったく別の業種である家業を継ぐことになった。私なりに必死で働いた。慣れるのに精いっぱいの日々。気づけば十年が経ち、これまた意図せず、三十七歳で社長になった。さらに十八年が過ぎ、現在は五十五歳。一日一日を私なりに大事に生きてきたつもりである。

社会に出て三十数年。良いこともたくさんあったが、眠れない日が続くことも数多くあった。あの日の講師の方は、ちょうど今の私くらいの年齢だった。三十数年前、自らが歩んできた道のりを振り返り、これから人生で独り立ちを目指すひ弱な社会人一年生に、あの方はどんな気持ちで「プロ中のプロを目指して」という話をしてくれたのだろうか。

毎年、新入社員を迎える桜の季節。入社式の挨拶では必ず「プロ中のプロ」の言葉を入れ、講師の方の気持ちを想像しつつ、思いを込めて新入社員に話をしている。

仕事では、お客様からの信頼・信用が最重要だが、人として、経営者としてプロ中のプロであるために必要なこととは？　期待されたときに期待以上のことができているか？　人として間違ったことをしていないか？　不断の努力ができているか？

今日も「プロ中のプロとはどんなこと？」と自問自答し、それを目指しながらも、まだその答えを模索し続けている自分がここにいることに、あらためて気づかされる。

便利な世の中を残していくために

ブラザー工業㈱　代表取締役社長　佐《さ》々《さ》木《き》一《いち》郎《ろう》

私は小学校高学年になった頃から、自分の生きる意味について悩むようになった。そんなある日、停電や断水を経験し、とても不便だと感じた一方で、よく考えてみると世の中は便利なものであふれていることに気づいた。

例えば、蛇口をひねれば水が出る、電灯のスイッチを入れれば暗い部屋が明るくなる。ラジオからはさまざまな音楽やニュースが流れ、テレビでは遠方の様子をリアルタイムで見ることができる。石器時代に生まれていたら便利なものは存在していなかったわけで、今の便利な世の中は、先人の努力の積み重ねによって成り立っていることを認識した。

そして、先人が創り上げてくれた便利な世の中に感謝しつつ、今を生きる私自身も、次の世代に少しでも便利な世界を残すことが当然の義務だと思うようになった。それこそが自分の生きる意味であると悟ったのだ。生きる意味に悩んでいた私の人生は、周囲に存在する便利なものに感謝し、先人が努力して創り上げてきたことに気づき、より充実したものになった。

　もちろん、一人の人生で実現できることには限りがある。しかし、数え切れないほどの人々が発明や改良に取り組んだおかげで現在の安全な水の供給や上下水道の仕組みができあがっているわけで、ラジオやテレビも同様だ。それは歴史に名を刻む人たちの発明だけではなく、名もなき人々が連綿と蓄積してきた工夫の積み重ねによるものであり、そのおかげで現在の世の中が成り立っている。そう考えると、自分も小さな改善・改良の一端を担うことができるかもしれない、という自信が生まれてきた。

　そして、自分の人生の目的を悟ることで新しい知識を身につける行動が楽しくなり、積極的に向き合うことができるようになった。それまでは嫌で仕方がなかった不得意科目の勉強にも我慢して取り組むようになり、やってみると次第に面白く感じることもあった。また、自分自身で工夫を凝らし、試してみることの重要性も学んだ。成功すればうれしくなり、失敗したときも原因を追究し、自分の思考の限界を知ることができた。何より、こうしたサイクルを繰り返すことで、自分自身の成長を感じ取ることができた。

　私はこれまでに多くの「学び＝失敗」を経験してきたが、この先、何歳になっても工夫を重ねていきたいと思っている。次世代に少しでも便利な世の中を残していくために。

父の一言

㈱プロスタッフ　代表取締役社長　廣《ひろ》瀬《せ》徳《のり》藏《ぞう》

昭和四十三年の話です。先代の父は繊維関係の事業を行っていましたが、雨降りの視界不良による事故をきっかけに自動車のガラスの油膜取りに疑念を持ち、独学で研究開発を始めました。そして数年かけて完成したのが、「キイロビン」という油膜取りでした。

昭和五十年五月、父から「どこか販売してくれるところはないか」と言われた私は、自動車用品を扱う複数の会社に電話をしましたが、異業種からの営業ということで、どこも取り合ってくれませんでした。私は仕方なく乗用車のトランクに商品を積み、ガソリンスタンドを一軒ずつ回って油膜取りを売り込んでいったのです。

当時、他社が販売していた油膜取りは、フロントガラスの上から吹きかけ、ワイパーでこするだけで油膜が落ちる、という謳い文句のものが主流でした。一方のキイロビンは、画期的な使用効果がありながら、スポンジに液を付けてゴシゴシと磨かなければなりませんでした。そのため、ガソリンスタンドの方から「こんな面倒くさいもの使えるか」と一蹴される日々が続きました。

ある日、思い悩む私を見た父親は「売ろう売ろうと焦らんでもいい。これを使って、雨降りの交通事故から一人でも多くの人が助かってくれればいいのやから」と言いました。「そうなんや！　よし！」。父親の思いを知った私は、翌日からその言葉を胸に再びガソリンスタンドを回り始めました。すると、不思議なことに事態が好転していったのです。

最初のお客様は親子で営む小さなガソリンスタンドで、三個購入していただきました。その後はたくさんのガソリンスタンドで購入してもらえるようになり、半年後には月に五〇〇〇個を販売し、取扱店舗数も約一〇〇〇店舗と驚異的な数字を叩き出しました。やがて自動車用品を扱う問屋さんの目に留まり、それらの取り扱い要請を受けて販路は東海地区から全国へと広がり、いつしか本業の繊維業をも上回る規模になったのです。

五十余年が経った今では「頑固な油膜ならキイロビン」と言われるまでになり、約六〇〇〇店舗の量販店で取り扱われるなど、当社のヒット商品として存在しています。私自身も父の後を継いで社長となり、現在は五〇〇アイテムもの商品を製造・販売し、全国各地に営業所を、海外に工場も持つ企業に成長することができました。

このように成長できたのも、あのときの父親の一言があったからだと感謝しています。

大丈夫！

㈲プロペラコーポレーション　代表取締役社長　尾込賢一《おごみけんいち》

「何でも思い切ってやってみることですよ。
どっちに転んだって、人間、野辺の石ころ同様、
骨となって一生を終えるのだから」

これは坂本龍馬の言葉だ。
この言葉は僕にはこう聞こえる。

所詮、おまえなんて死んでしまえば、野辺の石ころと同様。
難しく考えるな。人生は短い。
自分が思う通りに思いっきりチャレンジすればよい。

誰にどう思われても気にするな。
想いがあれば、必ず仲間が増えていく。
やらぬ後悔よりも、やって後悔しろ。

大丈夫、大丈夫。
なんとかなる！
大丈夫、大丈夫。
なんとかなる！
大丈夫、大丈夫。
なんとかなる！

僕はそうやって乗り越えてきた！

五年後の僕へ……。
「そのままで大丈夫！」

決して諦めないという強い信念

㈱フロンティアエデュケーショナルパートナー　代表取締役

鈴木美由紀《すずきみゆき》

一〇〇人中一〇〇人に自分の夢を「無理だ」と言われたら、皆さんは諦めますか？

私の息子は小学校二年のときに転んで前歯を折り、牛乳の入ったコップに折れた歯を入れ、歯科医院に駆け込みました。担当されたK先生は、そうしておくと歯髄が生き延びてくっつく可能性があるから一年間経過観察をしたいと話されました。定期受診でK先生は歯の大切さを興味の湧くように楽しく話してくれました。息子はその頃から「K先生みたいな歯医者さんになりたい」と言うようになり、高校生になっても歯科大学受験を目指して頑張る姿を見て、私も「彼の応援団長にならなければ！」と決意しました。

しかし、歯科大学の冊子を取り寄せて仰天しました。私立は六年間で学費が約三〇〇〇万円。わが家の家計では厳しく、親や親戚に相談したものの、返ってくるのは「諦めなさい」の言葉ばかり。親として力になれない悔しさに、よく一人、部屋で泣いていました。

それでも私は連日銀行を回り、融資担当者に学費ローンを依頼しました。しかし、六行で立て続けに断られ、挙げ句の果てに「お母さん、夢の話は止めましょう」と言われてしまい、まるで自分を全否定されたような気持ちになりました。そして七行目、「この国はお金持ちしか医者や歯医者になれないんですか？」と、私は泣きながら話していました。すると、行員のKさんは親身になって話を聞いて下さり、上司に掛け合ってローンが組めるようになりました。Kさんのおかげで、息子は歯科医師になることができたのです。

その経験から私は、諦めない強い心があれば道は開けることを学び、現在の仕事にも大きな影響を与えてくれています。私は現在、家庭教師のトライから生まれた個別指導塾、トライプラスのフランチャイジーとして三校舎を運営しています。教育業界の仕事は三十年以上、教え子は五〇〇〇人を超えています。塾の子ども達には必ず、好きなこと、将来なりたいもの、何をしているときが楽しいのかを丁寧に聴いています。おかげでたくさんの子ども達の「なりたい夢」に関わることができました。子ども達の未来は無限です。

周りから「無理だ」と言われても、たった一人でも「絶対に夢は叶うよ」と言ってくれる人がいれば、子どもは勇気を持って叶えていきます。夢を叶えた子ども達の笑顔を見ることが私の喜びであり、生き甲斐です。縁ある全ての子ども達の夢を叶えることが私の使命であり責務だと心に深く刻みつつ、これからも子ども達の応援団長であり続けます。

言葉によって道は開かれる

㈱ヘルスネット徳洲会　代表取締役社長　徳田《とくだ》秀子《ひでこ》

私は昭和三十二年に徳之島高校を卒業し、鹿児島銀行徳之島支店に就職しました。三十四年にはまだ大阪大学医学部の学生だった徳田虎雄（医療法人徳洲会創業者）と結婚するために退職し、大阪へと旅立ちます。その後、医師となり、病院（のちの徳洲会病院グループ）建設を目指す夫の勧めもあり、近畿大学薬学部を受験し、三十六年に合格を果たしました。大学在籍中には長女と長男を出産。心から尊敬する義母の助けを得ながら学業と育児を両立し、六年をかけて四十二年に卒業し、薬剤師の免許も得ました。

ところが、必死で歩み続けた日々から一転、ひとつの目標を達成できたことが原因なのでしょうか、卒業後は育児をしながら漠然とした日々を過ごしていました。

そんなとき、友人の紹介で象印魔法瓶の取締役を務められていた俵さんという方の奥様と出会い、その教えが私を大きく変えることになったのです。俵夫人には「これからの女性は、主婦であっても夫から精神的に自立し、自分で考え、主体的に行動することが、夫を支え、子どもの成長にもつながるのだ」と教わりました。折しも同時期に夫から「君は漫然と生きていないか。だから僕に勝てないんだよ。もっと目的意識を持つべきで、夫婦に差がつきすぎると不幸になるぞ。二人はベストツーにならなければいけない。ベターハーフではだめなんだ」と厳しい言葉をかけられました。

目が覚めた私は、夫の仕事を支えつつ、七人になった子どもたちがしっかりと自立できるように育てるという目標を立て、自分のすべてをかけて働き、教育に尽力しました。夫の夢である病院建設のため、一緒に事業計画書類を作り、土地を探して資金調達し、わずか六〇床ではありましたが、四十八年に病院の開設にこぎ着けました。そこからスタートした全国の徳洲会病院は、今や四万人以上の人たちが二十四時間三百六十五日働き、日本で最大、世界でも第三位の医療法人に成長しました。

七人の子どもたちにも高い目標を持たせて接し続けた結果、五人が医師、一人が衆議院議員（現在は夫の会社の代表）、一人が声楽の道へと進みました。

学生時代の友人は、私のことを「おっとりした気質だ」と言います。そんな私が常に壮大な目標を立て、邁進し続ける夫と六十四年も連れ添うことができたのは、俵夫人の教えと、夫の励ましに近い厳しい言葉があったからこそと、今では大変感謝しています。

生成発展の法則

税理士法人報徳事務所　代表社員　理事長　赤岩《あかいわ》　茂《しげる》

「同じような時期・地域・業種で創業しながら、一方は隆々と発展し、もう一方は衰退する。その差はどこにあるのか」。この問いは「なぜいつも幸せそうにしている人がいる一方で、不幸を背負い込んでいる人がいるのか」にも通ずるものです。

私は最初の問いの答えを若い頃から探求してきました。ある種のブームのように、時流に乗って一時は隆盛を極めた会社が一朝にして凋落していく。孫子は「彼を知らずして己を知れば、一勝一負す」との言葉を残しています。ここで言う「彼」をライバル会社に限定せず、広く社会・経済環境とすれば、環境が良ければ勝ち、環境が悪ければ負けるということでしょう。これとは逆に、愚直に本質を探求し、いつの間にか〝いぶし銀〟のように光る企業に変化し、百年以上続いている会社もわが国には多くあります。その間、スペイン風邪の流行やコロナ禍、第二次世界大戦のような戦争、東日本大震災のような自然災害など数多《あまた》の困難に立ち向かい、百年企業はそれらを乗り越えて今があるのです。

ＰＨＰ研究所の創設者でもある松下幸之助氏は、「生成発展は自然の理法（宇宙の法則）であり、道理にかなったことであれば、生成発展することが世の習いである」と喝破しました。企業においても、短期的な視点で、自然に反しても利益を計上するのが当たり前と考えているところほど、長続きはせず、衰退に向かうものと言えましょう。

目線を下向きにして歩き続けると、進む先が左右にぶれてしまいます。まっすぐに歩くためには目線を高くし、遠くの一点を見つめ、それに向かってたゆみなく歩き続けることです。ならば、遠くの一点とは何か。それこそが企業の「目的」であり、「理念」です。また、社会がなければ会社が存在できないように、「会社とは社会に対して固有の価値を提供し続けることで存在を許されている」と謙虚に考えることも必要でしょう。

昨年はとうとう国内の年間出生数が八〇万人を切り、異次元の少子化社会に突入しました。この影響は数年のうちに、社会の至る場所で目に見えるようになることでしょう。大きく社会構造が変化します。そのような時代だからこそ、目先のことにとらわれることなく、視線を高く・遠くし、人間も企業も本来のあるべき姿に戻り、それを具現化することが求められているものと思います。本質（真・善・美）を探究し、その本質を具現化することこそが、これからの大激動期を乗り切る鍵になると確信しているところです。

人を大切にする

㈱ホスピタリティ&グローイング・ジャパン　代表取締役会長　有本《ありもと》　均《ひとし》

私が仕事をする上で常に心に留めているのが、「人を大切にする」ことです。その重要性に気づかされたのは、マクドナルドで働いていた頃でした。

マクドナルドは日本に第一号店を出す以前から「ハンバーガー大学」という独自の教育機関を持ち、人材育成に注力しています。同社の創業者レイ・A・クロックが「マクドナルドはハンバーガービジネスではない、ハンバーガーを売っている『ピープルビジネス』だ」と語っている通り、毎日お客様と接する従業員の成長こそが最大の強みになるとし、従業員の心と行動の成長を促す教育を一貫して実践してきたのです。

私は大学時代にアルバイトとして働き始め、同社の教育によって自分の成長を感じたことから、大学卒業後に社員となり、二十代で店長になりました。その際、上司からよく「お前の飯の種は人を育てることだ」と言われたものです。「人の成長がお店や会社の成長につながる」との意味で捉えていましたが、当時は若さゆえに他責にしてしまうことも多く、人を育てる難しさに日々直面していました。

その後、ハンバーガー大学に配属となり、研修カリキュラムを学ぶためにアメリカ本社を訪れた際、「Valuing People」という研修に出合いました。初めて目にしたValuingという単語に衝撃を受け、帰国後、どう翻訳すべきかと悩むなかで出てきたのが「人を大切にする」という言葉でした。このハンバーガー大学では、人材の成長を促す仕組みづくりとともに、他者ではなく自分にベクトルを向けて考えること、人を深く理解すること、相手を思いやることなど、人を育てるための心構えのようなものを徹底的に学びました。

こうした経験を活かし、後に入社したファーストリテイリングでは「ユニクロ大学」の人材育成研修の整備を通じて、現場で働く人たちの成長に貢献することができました。アメリカと日本を代表する二つの企業において人材育成の本質に触れた私は、二〇一二年に現在の会社を創業し、独自の教育メソッドや研修サービスをご提供しています。

現代の日本において、サービス業に従事する方々の重要性はますます高まっています。今後も「一緒に働く仲間の幸せにつながるか」「お客様の幸せにつながるか」「社会の幸せにつながるか」という三つの判断基準を軸に、「人を大切にする」経営、そして「サービス業で働く人たちの社会的地位向上」に向けて力を尽くしていきます。

感謝の領域

㈱マキオ　代表取締役　牧《まき》尾《お》由《ゆ》美《み》

自分に降りかかってきた問題が真に終息するとき、そこには終わりを告げる法則があることに気づきました。その法則とは、「感謝」。

すべてに感謝できたとき、それが問題（魂の課題）の終わりのサインです。起こった問題や問題を起こした人にさえ感謝ができたとき、私たちの精神は大きな成長を遂げるようです。

私は小学生のとき、いじめに遭い、多くのことを学びました。悪口がきっかけとなり、いじめの連鎖が起こっていると気づいた私は、その瞬間から人の悪口は「言わない、乗らない、聞いても口外しない」と決めたのです。それを実行し始めたら、私の周囲には多くの友達が集まってくるようになり、笑いが絶えず、たくさんの相談が寄せられるようになりました。

私に降りかかったいじめは、リーダーのＦちゃんを中心にしたものでした。それでも、Ｆちゃんのお陰で私は人間関係において一生の財産になる宝物をもらえたと、Ｆちゃんに感謝の気持ちが湧いたのです。「私を苦しめた人に感謝する」。それを小学生のうちに気づけたことに自分でも驚きましたが、それは真実でした。

以来、私は問題が起こってもポジティブに変換する癖が徐々に身についてきたように思います。「感謝」のエネルギーは本当にすごいのです。それは実践した人だけがわかるものです。

負のエネルギーを相手が放ってきても、相手のなかにある愛を見つけようと試みると、愛ゆえにそのような行動、言動を起こしたと思えてくるのです。すると、その人を憎む気持ちは消え、大切なことに気づかせてくれたことに感謝の思いが湧いてきます。私がその「感謝の領域」に入るだけで、問題はいつの間にか解決へと向かう……そんな不思議な出来事さえ起こってきます。

今、私が取り組んでいるのは、なるべく多くの人をこの「感謝の領域」に誘うこと。揉めごとを調和へと導くのは、愛と感謝です。執筆のご縁と機会をいただけましたことに感謝し、これをお読みになった方々から愛と感謝の波紋が拡がっていきますよう祈ります。

良き出逢いが人生を変える

㈱マルエイ　代表取締役社長　澤田栄一《さわだえいいち》

大阪の勉強会で、フェリシモの名誉会長・矢崎勝彦さんに出逢い、魂に響く言霊に驚嘆しました。学びの奥深さ、目指す次元の素晴らしさに感動を覚えたことが、矢崎さんが提唱する「皆が幸せになる公共幸福経営」を共に目指そうと思うきっかけになりました。

矢崎さんの教えを要約すれば、次のようになります。

「経営者は市場原理を使って公共的に幸福になれる社会をつくることができる。そのためには、一人ひとりの内発的公共的な思いが商品を買うときの意思決定になる必要がある。市場原理で、良心が育まれ続けるような社会こそが永続的に発展する。一人ひとりが生業として命を燃やして、生命を完全燃焼して生きていけるモデルが理想である。自分の関わる企業が道徳共同体モデルづくりの出発点となれば、日本の方向がGDPからGNH（国民総幸福量）に変わっても、皆が生き生きと関われる。これからは『幸福』を指標にする時代が来るだろう。夢を産業化し、幸福を事業化して、未来価値を現在化する。未来の自分へのプレゼント、生産者と生活者の良心が育んだ商品開発、商品販売、人的サービスを行えば、地球の永続的発展につながる」

矢﨑さんとの出逢いから十五年間、私は公共幸福哲学を当社の経営に取り入れ、企業理念を「事業を通じ永続的発展的な幸せ社会の創造」に改め、一過性でなく永続的発展的なステークホルダーとの幸せな関係を考え、環境、健康、教育に留意した経営を目指してきました。人間だけが持つ素晴らしい能力（叡智、知恵・創造力、良心、愛、器用な手足、言葉・文字による伝達能力等＝弊社では良知としています）を信じ、社員一人ひとりが持つ素晴らしい能力を最大限に発揮してもらい、皆で素晴らしい未来を創造する「良知共創経営」を行動指針として、企業経営に取り組んできました。

社員との対話でも、「働くとは？」「幸せとは？」「人間とは？」について徹底的に考えを深め、家庭・会社・地域と生きる場すべてで幸せになる人間像を目指してきました。現在はグループ会社も一六社となり、各社の代表・幹部・社員が素晴らしい経営をしてくれています。

二〇二三年二月、矢﨑勝彦さんは逝去されましたが、矢﨑さんの提唱した公共幸福経営を実践し、皆に伝えていく「恩送り」こそが、私の役割だと思える今日この頃です。

父を変えたお客様の言葉

㈱マルブン　取締役会長　眞鍋《まなべ》　明《あきら》

私は愛媛の小さな田舎町に本店を構える飲食店を経営している。小さな食堂から始まったお店は、二〇二三年五月で創業百年を迎え、私は四代目にあたる。

私が後を継いだのは、本来後継ぎになるはずだった兄が亡くなったからだ。二十歳のとき、料理好きだった兄は修業先でガス事故に遭い、一酸化炭素中毒で亡くなった。双子だったため、兄と弟という関係で育ってはいなかったが、若くして亡くなった兄の無念を強く感じた。憔悴する両親。特に気力をなくし、落ち込む父の姿をこのとき初めて見た。

棺をトラックに乗せて家に帰る道中、父と色々な話をした。私は料理が好きになれず、エンジニアを目指していた。その私が後を継ぐと言うことが、父が一番安心することだ。そう思い、後継ぎになると父に告げた。そのときの父の笑顔は今でも忘れられない。

大学卒業後、数年の料理修業を経て田舎に帰り、父と母が守ってきたお店を改装し、新しいお店をスタートした。色々なご縁と運も重なってお店は大繁盛し、業績も伸ばした。系列店も出店するなかで家業から脱し、小さいながらも企業にすることができた。

経営を担うようになって三十年近く経つが、そのなかで大切にしてきた言葉がある。三代目の父が後を継いだ頃、お客様から「お前のお店は周桑郡《しゅうそう》（現・西条市）イチ、おいしくない」と言われたそうだ。料理の作り方も知らず、家の料理しか食べたことがないまま後を継いだ父は、この言葉に驚いたという。そこで父は一念発起し、母の親戚のつてを頼って修業に出た。わずか三カ月の修業だったが、料理をしっかりと学んだ父は、お店で出していたすべての料理の作り方を一変させた。やがて、おいしいという評判を得て、お店は繁盛していった。お客様の厳しい言葉に父は奮起し、自らを変えたのだ。

私は好きではなかった料理の世界に入り、今まで会社を経営してきたが、心の根っこにあるのは「私たちのお店で出す料理はおいしくなくてはならない」という強い思いである。「これまでもこれからもおいしいが響きあうマルブンでありたいと願います。」という当社の経営理念は、私の思いであると同時に、父の思いを継ぐものなのだ。

コロナ禍が一息つき、時代は大きく変化しようとしている。外食産業を取り巻く環境も大変化している。今年、私は息子に社長を譲ったが、これからも地域のお客様からおいしいと言われ続ける会社、お店であってほしいというのが私の一番の願いである。

「素直な心」とインテグリティ

三井・ケマーズ フロロプロダクツ㈱ 代表取締役社長 **丸山《まるやま》 剛《たけし》**

私が「インテグリティ（Integrity）」という言葉に初めて接したのは、二〇〇〇年に日本GEプラスチックス（現SABICジャパン）に入社したときでした。全社員に配られるGE社員の行動規範が書かれたGE Values カードのタイトルに、「GEリーダーは、常にゆるぎないインテグリティを持って行動する」と書かれていました。

インテグリティに相当する日本語はないと言われますが、私は「法令順守（コンプライアンス）以上に厳しく、自身や属する組織を律すること」「常に正しいことを行う人間の矜持」と解釈しています。GEでは、判断に迷ったときは常にGEの行動規範に立ち返ることがリーダーシップ教育の根幹として徹底されており、「常にゆるぎないインテグリティを持った行動」をすることが、その後の私の人生を支える信条となりました。

そして、「常に正しいことを行う人間の矜持」と言っても、リーダーとして何が「正しい」のかを見極めるにはどうすれば良いのか、という自問自答を重ねているときに出合った言葉が、松下幸之助さんの「素直な心」でした。

きっかけは、大阪でパナソニックの電器店を営む私の父から松下幸之助さんの揮毫《きごう》「素直」を譲り受けたことでした。これは、父が松下電器産業八十周年の記念として頂戴したもので、私が譲り受けて以来、会社の執務室に飾っています。その後、ご縁があってPHP研究所主催の「松下幸之助経営塾」で松下幸之助さんの理念を学ぶ機会をいただき、「素直な心」の理解を深めることができました。松下幸之助さんの説く「素直な心」とは、「ものごとの実相を、偏見を取り払ってありのままに見ることができる心」です。

人間は成功して役職が上がるほど、「素直な心」でものごとを見られなくなるものです。松下幸之助さんは伊勢神宮内宮《ないくう》を模して創建した「根源（の）社」に向かって、「自分は素直な心になれているか？　素直な心になれるように」とほぼ毎日自問自答していたと知り、私も伊勢神宮の神棚をわが家の「根源（の）社」として自宅にお祀りし、神棚に向かって「自分は素直な心になれているか？」と自問自答することが日課となりました。

これからも「素直な心」になれるように自問自答を続け、「インテグリティ」を持った行動を啓発することを通じて、私自身と自身が属する組織、社会、ひいては世界がより「平和」で「繁栄」することに貢献したいと考えています。

Your smile is our happiness

ミネルバ税理士法人　代表社員／上田公認会計士事務所　代表　**上田曽太郎**《うえだそうたろう》

表題は私が三十六歳のとき、十三年勤めた会社を辞め、会計事務所を開業した際に定めた経営理念です。当時、業界ではYour success is our businessという経営理念が流行っていましたが、これは表現が少々硬いので、英語教師をしていた妻に相談したところ、表題の言葉が生まれました。職員ゼロで定めたこの理念は、職員が五〇名を超えた現在、毎日朝礼で唱和しています。その間、経営理念をサポートする行動指針、クレド、パーパスも作りました。職員ゼロの頃は、専ら顧客に笑顔になってもらえるような仕事をしようと、この言葉を頭のなかで念じていました。営業時は、常に見込み顧客や顧客を紹介していただく方の話にしっかりと耳を傾け、何か先方にとってメリットになることはないかと考え、提案していきました。おかげで顧客は増え、職員も増えていきました。

しかし、思わぬ落とし穴がありました。お客様のほうばかり見て、職員のほうを見ていなかったのです。仕事が増えるのは、私には嬉しいことでも、職員はただ忙しくなるだけで嬉しくない。それに気づけず、創業十五年目、九名いた職員のうち七名が退職してしまいました。My smile is my happiness だったのです。幸いにも新たな職員を採用できましたが、以後は職員一人当たりの仕事量の上限を設けました。Your smile の Your は、顧客だけではなく、職員もその対象だということを実感したのです。

その後、順調に顧客が増え、職員も増加していきました。私は少々天狗になっていたようです。また痛い目に遭ってしまいました。ある顧客から監査の依頼があり、安易に引き受けてしまったところ、その顧客の不正が判明したのです。法定監査ではなく任意監査でしたが、出資していた方からその顧客が訴えられてしまい、裁判となりました。最終的に和解で幕を閉じましたが、私もこのトラブルへの対応に忙殺されました。社会から見て、正しいことをしているかどうか。仕事を引き受ける際は、リスクを考えて慎重に判断しなければいけないと痛感しました。Your smile の Your は顧客、職員だけではなく、社会もその対象だったということです。

現在、弊所のパーパスは「Your smile is our happiness　顧客、従業員、社会の幸福を追求します」。単なる概念として考えたものではなく、これまでの痛い経験から生み出した言葉です。今後もこの言葉を信条とし、社会に貢献していきたいと思います。

それでも、それでも、人生は素晴らしい

㈱御代川　代表取締役社長　御代川幸枝《みよかわさちえ》

今までの人生を振り返った時に、胸が張り裂けるほどの心の痛みや苦しみを幾度も幾度も経験したことや、「助けて」とどんなに叫んでも私の声は届かないのではないかと、希望すら失ってしまうことが何度もあったことを思い出します。そのように思い悩む私の心を救ってくださったのは、お二人の管長様からいただいたお言葉でした。

お一人は、鎌倉の大本山建長寺の吉田正道《しょうどう》管長様です。

「さっちゃんなあ、命は何も無いところから生まれて、そしてまた何も無くなっていく。泣きたいときは思いきり泣いたらええ。怒りたいときは思いきり怒って、笑いたいときは思いきり笑って。今を一生懸命に生きるんじゃ。それが生きるということじゃ」

そう、お言葉を掛けてくださいました。

もうお一人は、大本山円覚寺《えんがくじ》の横田南嶺《なんれい》管長様です。

「あなた、電車に乗るでしょう。電車の揺れに逆らって揺れないようにまっすぐに座っていたら、大きく揺れたときにはガタッと倒れてしまう。でも、電車の揺れに逆らわずに、自分も合わせて揺れていれば、どんなに揺れても振り子のようにまた必ず戻るから、大丈夫」

お二人の管長様からいただいたお言葉は、私の心を救うと同時に、思い悩む私の背中も押してくださいました。

そして、私のことを最後まで信じ、良いときも悪いときも決して離れることなく、いつも変わらず傍で支え続けてくれる家族や仲間の存在もまた、私の生きる原動力となっています。ふと気づくと、そこに必ず彼らの笑顔がありました。

目の前の事象にばかり気を捉われて塞ぎ込みがちな私に、大切で大好きな人たちの存在や言葉が「それでも、それでも、人生は素晴らしい」と思わせてくれました。

どんなに揺れても必ず戻る。今を一生懸命に生きる。生かされている、この命。たった一度きりの人生の中でめぐり逢えたたくさんのご縁に感謝し、報恩謝徳の気持ちを忘れず、次は私が誰かの笑顔の為に少しでもお役に立てるような生き方ができるよう、これからも邁進し続けていきたいと思います。

だっでん良うなからんとでけん

㈱柳川合同　代表取締役　荒巻哲也《あらまきてつや》

「豊かな会社の創造〜会社、社員、お客様、社会、すべてを豊かに。〜」を社是とする当社は、福岡県柳川市に本社を置き、トラック運送、倉庫業などの物流業を行っています。

会社で物事を決めるときの私の口ぐせは、「だっでん良うなからんとでけん（みんなが良くないといけない）」です。当社の社是も、その思いに由来しています。振り返ってみると、この思いを肝に銘ずるようになるには、二つのシンギュラーポイントがありました。

一つ目は、平成十八年の大口取引先の経営破綻です。当時、当社の売上の三〇%を占めていた取引先が民事再生を申請し、約一億三〇〇〇万円の焦げ付きが発生したことで、八〇名ほどのパートタイマー、一〇名ほどのドライバーを解雇せざるを得ませんでした。リストラという手段を使わざるを得なかったことは、今でも大きな悔いが残っています。

半月ほど過ぎて資金繰りにも目処が立ち、何とか生き残れると感じていた矢先のこと。

残った社員から労働組合結成の書面が届きました。「どうしてこんなことに」。悔しさでいっぱいでした。しかし、団体交渉を続けていくと、私の不徳が明らかになり、「自分が悪かった。改善していこう」と口にすることが何度もありました。これが、会社経営でも社会生活でも「だっでん良うなからんとでけん」と思うようになったきっかけでした。

二つ目は平成二十一年、当社の長距離ドライバーがトラック同士の正面衝突で亡くなったことです。何よりも大事な社員の命を守る、安全安心な会社でなければならないと決心しました。このようなときに心の支えになったのが、青年塾の上甲晃塾長の文章です。

「この逆境をいかにしてプラスにするか。今後五年、十年してから、あのときは本当につらかった。けれども、今から考えたら、あのときの事件のおかげで今がある、と言えるような対応が必要である。人は苦しいとき、つらいとき、誰でも逃げたくなるものだ。しかし、逃げてしまったら負けだ。逆境のときに踏みとどまるのは誠につらい。しかし、そのときに耐えることが第一の試練である。自分に向けて石が投げつけられる。まるで無能呼ばわりされる。自分の存在そのものが否定される。そのときにぐっと歯を食いしばり、言葉少なく耐え忍ぶのである。辛抱できるか、まさしく辛抱である。そして、辛抱は心棒をつくり、信望を与えてくれる元となる」

社是の実現に向け、心棒を持った信望ある経営者を目指し、これからも努力します。

感謝が生んだシンプルライフ

㈱躍進　代表取締役会長　笠《かさ》井《い》輝《てる》夫《お》

私の人生観を変えた最大の事件は、二〇一二年十一月に発症した脳内出血と、二〇一四年十二月に発見された肝臓がんです。それまでの私は、絵に描いたようなワンマン経営者で、物事に感謝する気持ちが薄かったように思います。しかし、この二つの大病を克服したことで、強い感謝の念が芽生えたのです。

脳内出血は発症した箇所が右脳であったため、利き腕の右手は動き、言葉も以前と変わりなく明瞭に話せたことから、神様、仏様が「ビジネスマンとしてまだまだ頑張れ！」と励ましてくれているように思い、深く感謝しました。そして、二年後の二〇一四年十二月には肝臓がんが発見されましたが、これも名医のご尽力で生還を果たし、心の底から感謝しました。脳内出血の後遺症で障がいはありますが、二つの大病を克服し、現在も現役の経営者として活躍できることに感謝しない日は一日たりともありません。

そして、感謝の気持ちから「シンプルライフ」という価値観が生まれました。それまでの生き方を見直し、自分の大切なものを中心に、余計なものを一切捨て、愛する家族、お客様、社員仲間、仕入先、協力業者に囲まれ、世のため人のためにより良い社会の実現に尽力して仕事に臨むことが、自分の喜びある生き方だと気づいたのです。このように報恩感謝とシンプルライフを自分の根にしっかりと据え、日々知行合一の精神を実践していきます。それについて、私は「森羅万象から学ぶ羅針盤」というブログにもその気持ちを表し、今日まで一日も休むことなく投稿し、現在一〇〇〇回を超える連載を果たしました。

そして、その中において、松下幸之助氏の「経営者として、上司として、命令口調で指示を出しているが、心の底では『頼む』『お願いする』『祈っている』という気持ちがなければならない」という意味の話を紹介しています。

社長や上司が、部下に「頼む」「お願いする」「祈っている」と思う理由は、責任感を持って自主的に動き、成果を出してほしいから。こうすることで部下は成長し、信頼関係も構築できます。間違っても「人を使っている」「仕事をさせてやっている」という気持ちを持つべきではありません。この世はあらゆるものへの感謝で成り立っているのです。

人にはお願いし、仕事をしていただいているという感謝の気持ちと、そこから生まれた俗事に縛られないシンプルライフこそ、私の人生を支えている信条なのです。

捨てる神あれば拾う神あり

㈱山一地所　代表取締役会長　渡部志朗《わたなべしろう》

　弊社は一九七一年、千葉県で不動産業を営む兄が仙台市に出した支店から始まりました。兄は、仙台市北部が宮城県の重点開発地区として将来的に発展すると考え、支店を開設しました。しかし、開発着手はまだ先の話で、最初の四年間は売上もなく、約一億円もの先行投資がかかっていたことから、一旦支店を閉鎖する話になりました。ところが、閉鎖処理を任された私が仙台を訪れると具体的な開発が動き出したことから、兄に対して「本社に迷惑をかけないから、仙台は私に任せてほしい。私が経営の全責任を負います」と大見得を切り、一九七五年一月一日、わずか四人の社員で再スタートしたのです。

　しかし、あっという間に資金が底をつき、赤字経営に陥りました。金融機関に融資を申し込むと、担当者から「担保は、保証人は、納税証明書や試算表、決算書は」などとたずねられ、まったく答えられない私は「あんた、何しに来たの」と言われる始末でした。

その後、面識のない「結城さん」という方がお金を貸してくれるかもしれないという話を耳にしました。当時、私は三十二歳。恥も外聞もなく結城さんのもとに伺い、約一時間にわたり事業について一方的にご説明しました。このときは反応が薄く、諦めて退却しましたが、一週間後、結城さんから「もう一度お話を聞きたい」との電話が入り、私は喜び勇んで出かけました。そして、自らの思いを乗せて丁寧に、真摯にご説明したところ、今度は快く融資の承諾をいただくことができたのです。以降も結城さんは私の度重なる融資の申し出に全面的に協力をしてくれ、一九九四年六月六日に亡くなるまでの約二十年間、面倒を見てくれました。その間、一度も赤字に陥ることなく事業を続けられたのは、結城さんのお陰です。今も毎年、命日には必ずお墓参りをし、現状をご報告しています。

当社の社是・社訓は「他よりも地味に、正直に生きる（決して派手にはしない、節約をモットーとし、お金を大事にする。苦しくても嘘はつかない）」「誠実と謙虚（世の中の人々から認められる人間性の持続）」「自己研鑽《けんさん》（たえず世の中の動きをキャッチし、時代の変化に遅れないようにする）」です。社員一同、この社是・社訓を身につけ、継続するようベクトルを合わせ、世の中になくてはならない会社、役に立つ会社を目指して頑張っています。

私の兄とともに、結城さんもすでに鬼籍に入られていますが、この理念の実現に向かって邁進できるのも、お二人のお陰です。感謝しても感謝しても、感謝しきれません。

トップとしての覚悟

㈱山方永寿堂　代表取締役社長　岡《おか》本《もと》光《みつ》正《まさ》

私は大学を卒業後、サラリーマンとして七年半の社会人経験を積んだ後、家業である岡山名物「きびだんご」を製造する山方永寿堂に入社しました。そして三十四歳のとき、先代の父から社長職を受け継ぎました。世間一般からすると、早いタイミングでの事業承継だったと思います。

社長に就任したとき、尊敬する先輩経営者から「自反尽己《じはんじんこ》」という言葉をいただきました。その意味を調べると、「すべてを自分の責任として捉え、全力を尽くしなさい」とのことでした。思い返せば、それまでの私は「父のやり方が」「資金が」「設備が」「人材が」といったように、事がうまく進まないのはすべて自分以外の責任と考えていたように思います。だからこそ、日頃の言動にも甘さが現れ、それを見抜いた先輩経営者から先の言葉を贈られたのだと猛省すると同時に、トップとしての覚悟が決まりました。

覚悟が決まると、私自身の言動が変わりました。トップの言動が変わると組織が活性化し、これまでうまくいかなかったことも徐々に好転し、好循環が生まれるようになりました。やはり、うまくいかない原因は私自身にあったのです。

この覚悟を最も試されたのが、新型コロナ禍でした。当時、政府による不要不急の外出自粛要請の影響で、売上の半分強を依存していた岡山県内のおみやげ需要が一瞬にして八割以上ダウンしました。まったく先の見えない状況のなか、業績は大きく低迷、しかし雇用だけは絶対に守るとの想いで、受注のないときは社員教育や新製品開発、おみやげ以外の新たな需要の開拓に多くの時間を割きました。

するとありがたいことに、外出できない代わりの巣ごもり需要により、ご自宅で製品をお求めいただく機会が増え、新製品のヒットも相まって、大きな負債を被ることは免れました。その後、新型コロナの感染状況が落ち着きはじめると、おみやげ需要が回復し、そこに雌伏の時期に進めてきた取り組みの効果が加算され、結果としてコロナ禍以前より好業績となるなど、まさに「ピンチはチャンス」を体感する出来事となったのです。

何より、一人の社員も欠くことなく今日の状況に至ることができたのは、未曾有《みぞう》の状況にありながらも力を尽くしてくれた、社員の協力と努力の賜物です。これからも社員を大切にしながら、覚悟と責任の伴った言動のできるリーダーでありたいと思います。

お前の目はどこについているんだ

夢工房だいあん㈱ 創設者 光田《みつだ》敏昭《としあき》

怖いけど優しい人だった。愛の人だった。

月に一度、不動産、建築、飲食部の資料を税理士事務所に届けていた。兄が不動産業で興した事業は時流に乗り、法人化し、分社化した帳簿は七冊になっていた。不動産の売上は一〇〇億を超え、一〇億単位の取引も増えていた。一方、日銭を稼ぐ飲食部門は一〇〇円単位のメニューが大半だった。飲食店を始めたとき、税理士先生から注意や指導を受けた。「どんな商売だろうがゴミを拾え！」。道路、床上のゴミにたとえて、「小さな金額を粗末にするな、飲食店で一円を大事にできるのか、不動産商売で身に染まった商法では道楽になってしまうぞ！」といった助言のおかげで店舗は増え、人気店も育っていった。

バブル時代の出入りの金額は、今から思えば異常であった。毎月の試算表を見ながら先生は私に尋ねてきた。「お前、現場に行っているのか？　お客さんを訪ねているのか？」。

思うに、私の日常をつかんでの問いかけであった。しばし黙り込んでいると、「お前の目はどこについているんだ！」。キツイ一発をいただくこともしばしばだった。

当時、株売買を控えるように注意を受けたが、株の世界を知らないのは時代遅れと切り返し、兄と私は過大な金額を投機に散じた。兄の急逝後、株の暴落からバブル崩壊が始まり、やがて資金繰りが悪化。建築工事で納材業者、職人さんへの支払いに窮し、メインバンクに多額の固定性預金の一部解約を求めたが拒絶されてしまう。万策尽きかけたとき、「ならば俺が出す」と先生は即応され、数日後、億を超える金額が振り込まれた。

その夜、ご自宅を訪問した。期限、利息、担保不記載の借用証一枚を持ってのお詫びとお礼は、ご夫妻の顔を正視できず、涙をこらえて恥じ入るばかりであった。「お前、いい勉強をしたな」。先生の言葉はそれだけだった。顧問税理士の範疇を超えたご夫妻の支援はまだまだ続くことになる。見通しの立たない失われた三十年の初めの頃だった。

先生が癌で亡くなり、後押しをいただいた奥様も亡くなった後、最後の「苦言」とも思われる、宛名なし、鉛筆書きの遺文が出てきた。その全文は今、社員、株主、取引業者の手中にある当社のビジネスプランの裏表紙に金文字で掲出している。私は最後の一行「大地を踏みしめて、一歩ずつ努力したい」を、「お前の目はどこについているんだ！」と読み換え、地域と「共に生きる」覚悟を支えてくれる黄金の言葉として胸中に刻んでいる。

有限な決断力を有意義に使う

㈱羊土社　代表取締役社長　一戸《いちのへ》敦子《あつこ》

経営の現場では、日々新たな課題に直面し、大小問わず決断を迫られる場面が多いことと思います。過去の経験から即座に判断できることもあれば、前例のない難題に苦渋の決断を下すこともある。熟考する余裕があれば良いのですが、多忙のなかでとりあえずの決断をして、結果、悪い方向に物事が進み、後悔することも多いのではないでしょうか。

私はかつて実務から経営に軸足を移した際、すべての決断を自分自身が行うと気負い、微に入り細に入りチェックしなくては気が済みませんでした。挙げ句の果てには課題が山のように積み上がり、呆然とする始末。忙しいのだと言い訳しながら自分を責め立てました。そんなときにふと、弊社の発行する医学専門書籍の一節に目が留まったのです。

「人間の細胞の分裂回数は有限であり、これを分裂の寿命という（ヘイフリック限界）」

そこに書かれた「有限」という言葉を見て、ハッとしました。決断は、自分の身を切るようなもの。ということは、もしかしたら人間は一日のうちに決断できる回数に限界があるのではないのか、と。たしかに、いつも仕事の終わり間際になると頭が重くなり、夕飯を決めることすら億劫《おっくう》になります。まさに限界を迎えていたのだと気がつきました。

まずは自分の決断力の限界を把握しよう。これをある有名なロールプレイングゲームになぞらえて、ＤＰ（ディシジョンポイント）と名づけました。私たちには一人ひとり一日に使えるＤＰが割り当てられており、重要な経営判断をするときも、朝に洋服を選ぶときも、はたまた昼食のメニューを決めるときでも、同じように１ＤＰが消費される。そう考えたら、本当に意義ある決断にＤＰを使わなくてはいけないのだと認識しました。自分にしか解決できない事案に全力投球し、社内メンバーが解決できる課題は信頼して託す。お互いのＤＰを有効活用することで、より大きな創造につながっていくのだと思います。

「社長、Ａ社とＢ社、どちらの業者を選んだらいいですか？」

「ごめん、今日の私のＤＰは使い果たしたから、貴方が決めてくれて大丈夫だよ」

そう言うと、皆嬉しそうに持ち帰り、最善の策を検討してくれるようになりました。

一つひとつの有限な決断が積み重なって、会社も自分も成長していく。常に心に余裕を持ち、思う存分悩みながら決断に臨みたいと思います。そして、人生の最後に「あのときは精一杯頑張った」と笑顔で思い返せるような、そんな毎日を送りたいと願っています。

試練は宝

㈱ヨークベニマル　代表取締役会長　大《おお》髙《たか》善《ぜん》興《こう》

当社は一九四八年、私の父が福島県郡山市に六坪ほどの乾物屋を開いたことが始まりです。創業時はお客様が少なく、母は生きていくため、中古自転車にスルメや昆布を載せて行商を始めました。しかし、一〇軒、二〇軒歩いても誰も声をかけてくれず、やっと二五軒目で縁側に座っていたおばあさんが「何持ってきたんだい？　見せてみっせ」と声をかけてくれました。見てもらえるだけで嬉しく、涙がこぼれたそうです。その晩、母は「行商に行ってもなかなかお客様には出会えない。一人のお客様に出会うことには大変な苦労がいる」と父に話しました。これからは二五軒歩いた気持ちで、感謝の心でお客様に誠実の限りを尽くそう。そのような思いから「野越え、山越え」の創業精神が生まれました。

最大の試練となった東日本大震災では、一七〇店舗中一〇五店舗が全壊、半壊。従業員二四名、ご家族一四九名を失い、福島原発事故により約六〇〇名の避難者が出る事態となりました。私は震災翌日から現場を回りましたが、このまま会社は潰れるのかと呆然としました。しかし、店舗では店長が中心となり、お店はお客様のためにあるという哲学・理念の下、店頭販売や食品の無料提供など各店舗が創業精神を実践してくれた結果、地域のお客様のお役に立つことができました。本部社員も泥だらけになり、早朝から深夜まで約六十日間も復旧作業に尽くしてくれた結果、ほぼ全店営業を再開することができました。

このとき私は、従業員の物心両面の幸せ、従業員が毎日明るく元気に働くこと、それが企業の目的であるお客様満足の実現につながり、結果として利益につながるということを身に染みて感じました。

震災の年の六月、ダライ・ラマ一四世が郡山市にお越しになった際、「人生、あるいは仕事には常に試練・困難・逆境がある。それを乗り越えるために正しい倫理感（道徳）、生き方を持ちなさい。そして、嘆かない、くどかない、他人のせいにしないで精進しなさい。そうすれば、仏は必ず未来に明るい兆しを与えてくれる」と語ってくださいました。

それからは試練や危機が来るたびに、危機の機は機会の機であり、仏は試練を乗り越えることを通じて成長するチャンスを与えてくれている、試練は宝だと思うようになり、試練を乗り越えたとき、人は必ず成長するという信念と覚悟で進んできました。私も八十三歳となり、残された人生は創業精神の実践と実行、伝承に尽くしていきたいと思います。

長所と短所はコインの裏表

㈱吉村　代表取締役社長　橋本久美子《はしもとくみこ》

日本茶を主とする食品包装パッケージメーカーの経営者になったのは、四十七歳。前職は専業主婦。昭和七年創業の紙茶袋を内職していた祖父から承継し、軟包装メーカーとして一貫生産設備を築いた父の後継だった。

決算取締役会前日に社長交代を告げられ、まさに青天の霹靂《へきれき》。ペットボトル茶飲料とコーヒーが家庭の主流の飲み物になり、日常茶飯という言葉が通用しなくなった下り坂の業績のなかだった。管理職は年上の男性ばかり。「女の下で働くなんて」と嘆かれ、コンプレックスの塊。そんなときに出合ったのが「長所と短所はコインの裏表」という言葉だ。

通信簿では「長所を伸ばし短所を改める」と書かれるけれど、そんなのは嘘。長所と短所は裏表。たとえば、「おおらか」だったら「おおざっぱ」。「おおざっぱ」の短所を直したら、「おおらか」という長所も消えてしまう。

短所に目が向き、部下を責めたくなったら、あるいは自分に自信が持てなかったら、それは短所に目が行っている証拠。ひっくり返してごらん。裏側には長所があるはず。

当時、コンプレックス満載の私は、夢中で自分の短所を書き出した。

「元専業主婦」「国文科卒」「数字に弱い」「ブスでデブ」「片付けられない」

それらをゲームのようにひっくり返した。

元専業主婦→社宅の口コミがリアルにイメージできる。どんなチラシが効果的かがわかる。見方を変えればマーケッター。

国文科卒→理屈ではなく、ストーリーで勝負すれば、ブルーオーシャンかもしれない。

数字に弱い→だから新商品が妄想できる。数字が強い人に補ってもらえばいいんだ。

ブスでデブ→同行出張しても残業しても噂にならない（笑）。最大の強みかも‼

片づけられない→一個ずつ仕舞わないから、発想や人脈が掛け算で広がる⁉

長所と短所は裏表。そう考えるようになったことで、世界が明るく拓けた。同じことでも、どこから光を当てるかで景色はまったく異なる。

自分にも他人にも、明るい光を当てる人間でありたいなと思う。幻の足りないモノを探し回るよりも、今ある強みをぐーっと掘り下げて、高く旗を掲げる経営者でありたい。

それが幸せの秘訣ではないかと思っている。

自分の使命を全うする

㈱リードビジョン　代表取締役　清水《しみず》大輔《だいすけ》

二十七歳のとき、補聴器をつけることになりました。十三歳から耳の病気で手術を繰り返し、後遺症で日常的な会話が難しくなったためです。

難聴は見た目ではわかりづらいため、コミュニケーションに誤解が生じることも多く、行き違いから人間関係に自信が持てなくなることがよくあります。私は補聴器と出合うまで、思うようにいかないのはすべて難聴のせいだと、他責ばかりのコンプレックスの塊でした。その上、当時ネガティブな印象しか持っていなかった補聴器を若くしてつけざるを得なくなったことで、なぜ自分ばかりがこんな目に遭うんだと運命を恨みました。

そんな私に母は「運命を受け入れなさい」と厳しい言葉をかけました。幼い頃から母に「人は何か役割があってこの世に生まれてきたのよ」と教えられていた私は、嫌いだった補聴器をメガネのような身近なものにして、聞こえで悩む人が抵抗なく補聴器をつけることができる社会を作ること、これが自分に与えられた使命だという想いに至りました。

この大きな使命を全うするには、まずは同じ境遇の方の受け皿になるために人口の多い東京で補聴器の専門店を運営する必要があると考え、故郷の富山県から家族を連れて上京しました。当時三十二歳、信用やお金、土地勘も業界での経験もないところからのスタートで、幾度となく壁に阻まれました。くじけそうになることもありましたが、自分の使命であれば乗り越えられると信じ、粘り強く行動し続けていくと、必ず最後は人と運に恵まれ、実現するのです。そして、多くのお客様に支えられ、創業二十年を迎えました。

まだ小さな会社ではありますが、自分の実力をはるかに超えた経営ができているのは、未熟な社長の掲げた使命に共感し、一緒に努めてくれる従業員たちのおかげであり、長くお付き合いをいただいているお取引先様、助言をいただく先輩経営者の方々、温かく見守ってくれる恩人・友人、そしてどんなときも応援し支えてくれる家族がいるからです。本当に感謝しています。

耳の病気と母のおかげで人生の早いタイミングで自分の使命に気づき、行動に移せたのはとても幸せなことでした。誰の人生にも運命と使命があり、どのように向き合うのかが大切なのだと思います。使命に向かって純粋な気持ちで努力を続ければ、やがて他力の風が吹き、大きな力で導かれていく。今、まさにそれを実感しています。

この道より我を生かす道無し

臨済宗円覚寺派　管長
横《よこ》田《た》南《なん》嶺《れい》

十五歳のとき、山田無文《むもん》老師という禅僧に出会いました。このときの感動は忘れません。無文老師は、「この地球を全部牛の皮で覆うならば、自由にどこへでも跣足《はだし》で歩ける。が、それは不可能である。しかし自分の足に七寸の靴をはけば、世界中を皮で覆うたと同じことである。この世界を理想の天国にすることは、おそらく不可能である。しかし、自分の心に菩提心をおこすならば、すなわち人類のために自己のすべてを捧げることを誓うならば、世界は直《ただ》ちに天国になったにひとしい」と説かれていました。

その言葉をその通り、実践されている方に出会ったのでした。この道で行こうと心に決めて出家し、修行を続けてきました。

大学で仏教を学び、卒業後、修行道場に入門しました。この道で行くと覚悟しながらも、実際にはいろいろのことに悩み、心の揺らぐこともありました。鎌倉の円覚寺に来て、先代の管長が、とある禅僧の逸話を教えてくれました。

法遠《ほうおん》という禅僧が修行に出かけて師に入門を乞いました。古来、禅門では容易に入門を許しません。幾日も入門を願うも許されず、雪の舞うある日、ようやく師が現れるや、入門を願う僧たちに頭から水をぶっかけました。たまりかねた僧たちは皆去っていきましたが、法遠は「私は禅を求めてまいりました。一杓《しゃく》の水くらいでどうして去りましょうか」と留まり、初めて入門を許されたのでした。

入門してからも理不尽な失意が続きます。とうとう寺から追い出されてしまいます。それでも、町を托鉢《たくはつ》しながら耐え忍ぶ法遠の姿を見て、師は彼を後継者と決めたのでした。

世の中を生きてゆくには、道理にかなうことばかりではありません。「なぜ、こんな目に遭うのか」と悲憤慷慨《ひふんこうがい》することもあります。しかし、人間の真価が問われるのは、むしろそんなときです。去るときの弁解はいくらでもできます。しかし、黙して忍ぶことの貴《とうと》さを知らねばなりません。

思うに任せないこと、理不尽なことなど世の中にはつきものです。自然の災害など、なぜこんな目にと思っても、道理などあろうはずもないのです。理不尽なことに遭っても、泣き言いわずに耐えて、この道を行くと決めたら行くまでです。「この道より我を生かす道無し」という覚悟が大切だと学んできました。

ｗｈｙ（なのになぜ）

医療法人わかすぎ歯科クリニック　理事長／㈱ありがとう　代表取締役
島田雅胤《しまだまさたね》

あれは高校三年時の英語の授業だったと思います。

英語の先生が「『健全な精神は健全な肉体に宿る』と言われていますが、この言葉の後ろには、実は『ｗｈｙ（なのになぜ）』という言葉が隠されています」と言いました。それを聞いたとき、私は感動し、この言葉が持っている深い意味と、この言葉が多くの人たちに愛されてきた理由を理解することができました。

私は生まれたときから左足の踵が地面につかないという、小さな障がいを持っていました。さまざまな病院で診てもらいましたが、原因はわかりません。しかし、灯台下暗し、小学五年のとき、地元の福井県小浜市立病院に優秀な先生がおられると聞き、その執刀で手術を受け、左足の踵を地面につけて歩くことができるようになりました。

走ればいつもダントツびり、スポーツで良い思いをしたことがなく、体育の授業が近づくと胸がドキドキし、とても暗い気持ちになりました。今もスポーツで活躍する人を見るとうらやましくなり、もう一度人生をやり直せたならと考えたり、スポーツの世界で生きられたら楽しいだろうなと憧れたりすることもあります。このように、自分のなかの奥深くに疑問符があったため、「ｗｈｙ（なのになぜ）」という言葉が隠されているという話を聞いたとき、心に響いたのだと思います。

しかし、今思えば、その疑問符を感じたのと同じように、そういう反骨精神、いわゆるプラス思考があったから、歯科クリニックだけでなく、リハビリデイサービスや放課後等デイサービスも立ち上げることができ、また、五十九歳になった今も「障がい者が自立できる施設を作りたい」といった夢を持って生き続けているのだと思います。

余命三カ月と宣告され、もう三カ月しかないと考える人。まだ三カ月あるから精一杯生きて、できれば生き延びてやろうと思う人。それぞれだと思いますが、やはり、後者のほうが幸せなのではないでしょうか。私も後者のようになれるよう、日々精進していきたいと思います。命のある限り夢を持ち、社会に対して何ができるかをプラス思考で考え、一日一日を大切にしていきたいものです。

世界中に還元する私の第一歩！

一般社団法人One Day School　代表理事　セシリア渡辺明日香《わたなべあすか》

私は台湾出身で、両親が営む台湾料理店を手伝いながら育ったおかげで、憧れの大人たちと数多く触れ合う機会に恵まれました。その経験が日本の商社で働くことにつながり、世界を飛び回ってたくさんの方々と交流することができました。その後、仕事と家庭を両立し、子育てにも全力を尽くしてきた私は、数年前、人生最大のピンチに陥った際にミャンマーを訪れ、「世界中の子どもたちの母になる」という壮大な夢を見いだしたのです。

そこから「忙しいなかでもワンデーなら私でもできる！」と思い立ち、異文化体験を通じて子どもたちの将来の夢を広げるキッカケを作り、応援し続けることを形にするべく動き始めました。一人ひとりの「何か貢献したい」という思いをくみ取り、活動の輪を世界中に広げ、感謝の気持ちを世界中に還元したい。一生のうちの「たった一日」の大切な時間を共有し、年代・国籍を超えて感動を分かち合う。それが、子どもたちの笑顔が世界中にあふれる未来を創るための第一歩となると考えたのです。

当初、One Day School のイベントはミャンマーでの開催を予定していましたが、新型コロナの感染拡大に加え、ミャンマーの政情不安のため、残念ながら一旦中止せざるを得ませんでした。しかし、私はその間も発起人として組織力の強化を進め、二〇二一年五月、一般社団法人 One Day School を設立しました。そして、本法人の構想に描いた「世代・国籍を超えた250年計画」の実現方法を思案していたとき、松下幸之助経営塾と出合ったのです。入塾後、自分の志・事業の志を発表する機会があり、その際に私は松下電器の真使命の実現に向けた「250年計画」の構想を知り、私の思いと通じる部分が多々あるとして大変感銘を受けました。これが私のパワーの源となっています。

二〇二二年は千葉で One Day Camp を開催し、今年四月には私の故郷・台湾でも開催できました。今年は関東大震災から百年ということで「One Day 防災キャンプ」を新たな仕組みで国内開催し、インバウンド事業としても取り組み始める計画です。過去の災害から学び、防災を啓発することで、一人でも多くの命を助けることが私の望みです。

今後も「共に生きる」をテーマに、時代の変化を読み取り、参加者の皆様と共に、世代の変化につなげるための One Day School になっていく。「誠を尽くせば！　必ず動く」。愛と平和があふれる社会貢献の場に挑戦し続けます。

氏　名	社名・団体名	肩書き	ページ

あ

氏　名	社名・団体名	肩書き	ページ
青山光洋	㈱ゴートップ	代表取締役社長	102
赤岩　茂	税理士法人報徳事務所	代表社員 理事長	228
秋山利輝	㈲秋山木工	代表取締役	28
浅野和志	萩原工業㈱	代表取締役社長	196
荒巻哲也	㈱柳川合同	代表取締役	244
有本　均	㈱ホスピタリティ＆ グローイング・ジャパン	代表取締役会長	230
池田由實	㈻池田小学・中学・高等学校	理事長　校長	42
池本　篤	㈱ナプロアース	代表取締役社長	172
石橋常行	ひだまりほーむグループ ㈱鷲見製材	代表取締役社長	206
一戸敦子	㈱羊土社	代表取締役社長	254
入谷栄一	医療法人社団勝榮会	理事長	128
岩永美香	アポロアイシーティー㈱	代表取締役	38

氏　名	社名・団体名	肩書き	ページ
植木　力	㈱カスタネット	代表取締役社長	70
上田曽太郎	ミネルバ税理士法人 上田公認会計士事務所	代表社員 代表	240
上野淳次	㈻上野学園	理事長	52
榎本　稔	医療法人榎本クリニック	理事長	56
江場大二	㈱EBAホールディングス	代表取締役社長	58
大久保毅一	城北ヤクルト販売㈱	代表取締役社長	130
大霜　洋	QSTA九州スタッフ㈱	代表取締役会長	78
大髙善興	㈱ヨークベニマル	代表取締役会長	256
大多和聡宏	㈻大多和学園 開星中学校・高等学校	理事長	60
大津嘉章	医療法人社団幸祥会	理事長	98
岡本光正	㈱山方永寿堂	代表取締役社長	250
尾込賢一	㈲プロペラコーポレーション	代表取締役社長	222
尾中俊之	㈱青山プランニングアーツ	取締役COO	26

氏　名	社名・団体名	肩書き	ページ
か			
角井美穂	角井食品㈱	代表取締役	68
角谷太基	㈱サンコー	代表取締役社長	110
笠井輝夫	㈱躍進	代表取締役会長	246
梶原　等	㈱環境設備計画	代表取締役	74
加藤和彦	㈱曙エンジニアリング	代表取締役社長	30
加藤照和	㈱ツムラ	代表取締役社長 CEO	156
加藤慎章	㈱ETSホールディングス	代表取締役社長	46
加藤政徳	人の森㈱	代表取締役社長	208
嘉納秀憲	三宝電機㈱	代表取締役社長	118
川田雅直	㈱アトランスチャーチ	代表取締役社長	36
川村　慶	川村義肢㈱	代表取締役	72
蒲原　寧	サインポスト㈱	代表取締役社長	106
北尾吉孝	SBIホールディングス㈱	代表取締役会長兼社長	54

氏　名	社名・団体名	肩書き	ページ
北林弘行	CooKai㈱	代表取締役	90
木村一生	㈱トータルシステムデザイン	代表取締役社長	170
清川　忠	清川メッキ工業㈱	代表取締役会長	84
後藤敬一	滋賀ダイハツ販売㈱	代表取締役会長	120
小林充治	㈱アスペック	代表取締役	32
小宮山記祥	天伸㈱	代表取締役	160
近藤昌平	㈱銀座・トマト／ 異業種交流会　VAV倶楽部	会長	86
近藤宣之	㈱日本レーザー	代表取締役会長	184
紺野道昭	㈱こんの	社員の幸せ向上 担当＆代表取締役	104

さ

氏　名	社名・団体名	肩書き	ページ
材木正己	日東精工㈱	代表取締役会長 兼CEO	182
坂本賢治	総合メディカル㈱	代表取締役社長	138
佐々木一郎	ブラザー工業㈱	代表取締役社長	218
笹本清美	白根運送㈱	代表取締役	132

氏　名	社名・団体名	肩書き	ページ
佐藤袁也	㈱千代田設備	相談役	152
澤浦彰治	グリンリーフ㈱	代表取締役	94
澤田栄一	㈱マルエイ	代表取締役社長	234
島田雅胤	医療法人わかすぎ歯科クリニック ㈱ありがとう	理事長 代表取締役	264
清水　貫	㈱ジャスメック 誉田進学塾グループ	代表	126
清水大輔	㈱リードビジョン	代表取締役	260
清水雄一郎	三興塗料㈱	代表取締役	114
白波瀬　誠	京都中央信用金庫	理事長	82
新庄一範	ニューワンズ㈱	代表取締役	186
杉野良暁	㈱スギノマシン	代表取締役社長	134
鈴木進吾	㈱國貞	代表取締役社長	92
鈴木美由紀	㈱フロンティア エデュケーショナルパートナー	代表取締役	224
セシリア 渡辺明日香	一般社団法人One Day School	代表理事	266
十河孝男	徳武産業㈱	代表取締役会長	168

氏　名	社名・団体名	肩書き	ページ
た			
高木信一	奈良スバル自動車㈱	代表取締役社長	174
高村奈津代	㈲高村	代表取締役社長	144
瀧澤幸也	㈱アイジーコンサルティング	代表取締役社長	24
立﨑　仁	㈱常磐植物化学研究所	代表取締役社長	166
田中正彦	㈱さんびる	代表取締役	116
谷上元朗	ALLAGI㈱	代表取締役	40
玉榮信子	㈱サンコウ・トータル・サービス	代表取締役社長	112
田宮明彦	㈲タミヤホーム	代表取締役	146
千葉　智	㈱フーゲツ	代表取締役社長	214
辻　潤一郎	オムロン太陽㈱	代表取締役社長	62
東條正博	㈱東条設計	代表取締役会長	162
藤間秋男	TOMAコンサルタンツグループ㈱	代表取締役会長	164
徳田秀子	㈱ヘルスネット徳洲会	代表取締役社長	226

氏　名	社名・団体名	肩書き	ページ
利根博己	㈱元祖・としね	会長	76
鳥居英剛	㈱春野コーポレーション	代表取締役	204

な

氏　名	社名・団体名	肩書き	ページ
中澤清一	四国管財㈱	取締役会長	122
中島　輝	㈱So Shine	代表取締役	140
仲田　実	社会福祉法人実誠会	理事長	124
中村　學	ハッピーファミリー㈱	代表取締役会長	200
西村友秀	銀鳥産業㈱	代表取締役社長	88
二宮生憲	㈱さくら住宅	相談役	108
能作克治	㈱能作	代表取締役会長	192
能宗　孝	福山自動車時計博物館	館長	212
野々山雅博	ノノヤマ洋服㈱	代表取締役社長	194

は

氏　名	社名・団体名	肩書き	ページ
橋本久美子	㈱吉村	代表取締役社長	258

氏　名	社名・団体名	肩書き	ページ
秦　啓一郎	秦建設㈱	代表取締役	198
濱岸嘉彦	㈱京都総研コンサルティング	相談役	80
平岡弘章	㈻清風学園 清風中学校・高等学校	法人本部本部長 副校長	136
廣瀬徳藏	㈱プロスタッフ	代表取締役社長	220
廣田正俊	㈱ECH	代表取締役	44
藤井洋平	藤井電機㈱	代表取締役社長	216
藤澤史朗	ネオデータ・ソリューションズ㈱	代表取締役社長	188
藤縄修平	㈱日興商会	代表取締役社長	178
二九規長	㈱ツー・ナイン・ジャパン	代表取締役社長	154
古澤一晃	向陽信和㈱	代表取締役	100
堀地ヒロ子	㈱銚子丸	取締役会長	150

ま

氏　名	社名・団体名	肩書き	ページ
牧尾由美	㈱マキオ	代表取締役	232
槇　春夫	岩塚製菓㈱	代表取締役会長 CEO	50

氏 名	社名・団体名	肩書き	ページ
眞鍋 明	㈱マルブン	取締役会長	236
丸山 剛	三井・ケマーズ フロロプロダクツ㈱	代表取締役社長	238
三國浩明	㈱建設ドットウェブ	代表取締役	96
三谷 廣	㈱オールインワン	代表取締役社長	64
光田敏昭	夢工房だいあん㈱	創設者	252
御代川幸枝	㈱御代川	代表取締役社長	242
村岡弘資	アソート㈱	代表取締役社長	34
村上雅洋	日清紡ホールディングス㈱	代表取締役社長	180
森脇嘉三	㈱ビューティサロンモリワキ	代表取締役会長	210

や

氏 名	社名・団体名	肩書き	ページ
柳生美江	㈱オレンジホールディングス	代表取締役	66
山﨑耕治	㈱テクノア	代表取締役	158
山﨑貞雄	㈱ニッコー	会長	176
山田昌司	パナソニック ハウジング ソリューションズ㈱	代表取締役社長 執行役員	202

氏　名	社名・団体名	肩書き	ページ
山田正行	㈱中京医薬品	代表取締役会長	148
横川　竟	㈱高倉町珈琲	代表取締役会長	142
横田知明	ETPホールディングス㈱	代表取締役社長	48
横田南嶺	臨済宗円覚寺派	管長	262
横田英毅	ネッツトヨタ南国㈱	取締役相談役	190

わ

氏　名	社名・団体名	肩書き	ページ
渡部志朗	㈱山一地所	代表取締役会長	248

索　引

（氏名五十音順）

※ご執筆者の肩書きは2023年10月１日現在のものです。

トップが綴る
私の人生を支えた信条

2023年12月18日　第1版第1刷発行

編　者　ＰＨＰ研究所
発行者　岡　修平
発行所　株式会社ＰＨＰエディターズ・グループ
〒135-0061　江東区豊洲5-6-52
☎03-6204-2931
https://www.peg.co.jp/
発売元　株式会社ＰＨＰ研究所
東京本部　〒135-8137 江東区豊洲5-6-52
普及部　☎03-3520-9630
京都本部　〒601-8411　京都市南区西九条北ノ内町11
普及部　☎075-681-1295
PHP INTERFACE　https://www.php.co.jp/
印刷所
製本所　図書印刷株式会社

 ISBN978-4-569-85644-5

PHP職域専用特別書籍

発刊の願い

私たちは、人間は本質的に偉大な力をもったすばらしいものであり、たとえていえば、磨けば磨くほど光り輝くダイヤモンドの原石のようなものだと考えます。

この職域専用特別書籍は、そうした人間に対する考え方に立脚して、さまざまな職場で働く人々の状況や立場を踏まえた実践的な知識や情報を提供するとともに、自己啓発や心の糧としてお役立ていただける書を、特別に企画・編集し、発刊したものです。

本書を、読者の皆さまの日々の仕事やさらなる成長の一助としてお役立ていただきますよう、心より念願いたします。

PHP研究所